Inledning

"All sanning går genom tre steg: Först förlöjligas den, sedan möts den av våldsamma motangrepp, och sist så accepteras den som en självklarhet." Schopenhauer

Denna skrift har tillkommit främst under åren 2000-2004. Genom att skriva ett kapitel då och då kunde jag ge en översiktlig bild av hur min forskning om folkhälsa och strålning gått framåt steg för steg. Resultaten redovisas normalt i medicinska tidskrifter, men jag tyckte att en mer allmänt hållen beskrivning också kunde ha sin plats någonstans. Det första utkastet skrevs ut i två exemplar, varav min mor fick det ena runt sin 90-årsdag för nu drygt tio år sedan.

Eftersom mycket av resultaten redovisas i grafisk form har jag främst refererat till publicerade arbeten. Några få diagram låter jag ligga kvar på sina platser i texten.

Mitt arbete har lett till många kontakter med experter och myndigheter. Av dessa har jag lärt mig att stora folkhälsoproblem inte alls hanteras på det rationella och logiska sätt, som man borde förvänta sig. Istället har industriintressen alltför stort inflytande. Lobbyister påverkar våra politiker och expertorgan, så att resultat, som kan vara besvärande för industrin, avfärdas som ovetenskapligt trams istället för att inspirera till djupare forskning.

Politiker är ofta i grunden amatörer, som har kommit upp sig genom en karriär via kommun, landsting, riksdag och kanske ända upp i Regeringen. Men några experter på att hantera problem är de sannerligen inte. Är inte politik alltför viktigt för att skötas av politiker?

Problemet börjar nu närma sig sådana proportioner, att det påminner om ett isberg. Vi ser bara lite grand av den totala problemmassan, som än så länge är dold i statistikdatabaser och mest ligger som utkast på enskilda forskares skrivbord. Risken är att vi just nu håller på att bunkra upp framtida cancerfall i en sådan omfattning, att det kommer att bli väldigt svårt för oss pensionärer att ta hand om alla femtioåringar i framtiden. Vi kanske måste ta hand om småbarnen också, om föräldrarna inte längre klarar av situationen.

Vi bör börja förbereda oss redan nu, innan bubblan brister...

Jag vill också rikta ett stort tack till min fru Inger, som stått ut med mitt rotande i dessa frågor under alla dessa år. Därför tillägnar jag henne denna bok, som förhoppningsvis ger en överskådlig bild av alla de papper jag skrivit, och som hon ännu inte har haft tid att läsa...

Farsta 2015-01-23, Örjan Hallberg

© 2015 Örjan Hallberg
Förlag och tryck: BoD
ISBN: 978-91-7463-656-7

Innehåll

Det farligaste med elektromagnetisk a fält ...

"Om du skickar ett till sådant mail så är det det sista mail du skickar!"

K lockan var 17.08 den 7 mars 2000. Företagets expert på strålning hade ringt upp mig på kontoret påtagligt uppretad av att jag hade uttryckt mig något tveksam till det hälsosamma med storskalig exponering för elektromagnetiska fält. "Du bör lägga av med ditt religiöst betingade rotande i kopplingar mellan EMF och sjukdomar. Det leder ingenvart".

Det hela började den 27 april 1998

Aftonbladet hade en artikel om hudcancer och jag lade märke till ett diagram med en kurva, som ökade brant från 1960. Först trodde jag att kurvan visade den ackumulerade mängden drabbade men snart förstod jag att den visade att antalet, som insjuknar, ökar kraftigt från år till år.

Normalt arbetar jag med diagram, som ska visa kurvor som går nedåt för varje år. Felfrekvensen hos elektronikprodukter avtar normalt med tiden allteftersom skadade eller dåligt tillverkade produkter byts ut mot sannolikt bättre exemplar.

Badkarskurvan Normalt blir felfrekvensen hos elektronikprodukter mycket låg efter några få års drift. Men ibland händer det att frekvensen ökar igen och då talar man om "utslitning". Detta händer lyckligtvis mycket sällan, men om det inträffar kan det föra med sig mycket dyra konsekvenser.

Var detta ett exempel på "utslitning"?

Nu blev diagrammet plötsligt mycket intressantare. Texten förmälde att den ökande sjukdomsincidensen berodde på ändrade solvanor. Vi hade börjat åka till södern på semestern och utsattes därmed för mer UV-ljus än tidigare. Men solar vi verkligen hela 10 gånger mer än vi gjorde före 1955? Jag började bli tveksam.

Om det var semesterresorna, som var orsaken till ökningen borde just den del av befolkningen, som gör dessa resor, bli extremt drabbade. Säg att bara 10 % av befolkningen ofta åker på solsemester. Då borde ökningen för just denna grupp ha blivit en faktor 100 större än för de som inte har ändrat sitt solande. Och en sådan skillnad borde man kunna visa på i så fall.

Jag började fundera….

Två veckor tidigare

Varför blir barnen så långa nuförtiden? Det var en fråga jag hade ställt mig många gånger tidigare. Levde vi på svältgränsen förr eller får vi numera mat som innehåller tillväxthormoner? Är det kanske köttindustrins vinstintressen som ligger bakom våra allt längre barn?

Har japanerna börjat glufsa i sig hormonspäckad oxfilé de sista decennierna eftersom det numera finns gott om japaner i kollosal format?

Dagens Nyheter presenterade en liten notis som berättade att barn, som var födda på sommarhalvåret, i genomsnitt blev 7 mm längre än de som var födda på vinterhalvåret. Orsaken till detta ansågs vara ljusförhållandena. Mer ljus ger mindre melatonin och melatonin är ett hormon, som bl. a. påverkar kroppstillväxt och även är en viktig komponent i vårt immunförsvar.

Jag skaffade in data från Värnpliktsverket och gjorde ett diagram över 18-åringarnas kroppslängd under 1900-talet. Det verkade som om vi började växa i samband med att vi fick TV. Barnen sitter längre framför TV och på senare tid dataspel och får skärmstrålning, som kanske har samma melatonindämpande effekt som solljus. Med lite data från uppslagsverk fick jag en kurva över de senaste 10 000 åren. Eftersom jag kopplade detta fenomen till bildskärmar (möjligen) så skickade jag en kopia till Olle Johansson på Karolinska Institutet den 4 april 1998. Det blev det första e-brevet i en serie som skulle visa sig bli långt över 1000 st. med tiden.

När radion kom till byn

Hudcancerdiagrammet i Aftonbladet gav mig ingen ro. Varför startade detta problem just runt 1960? Det ändrade resemönstret verkade inte vara ett övertygande argument. Var det förresten 1960 som det startade? Diagrammet gick inte längre bakåt men visade ingen utplaning. Kanske var det tidigare? Jag kopplade upp Internet och började söka data. Det visade sig att det fanns data från 1952 och att en tydlig ökning av antalet insjuknade startade efter 1955.

1955, då var jag 13 år och vi bodde i Ljusdal. Men 1957 flyttade vi till Färila och då hade grannen skaffat en TV som ca 20 barn från närliggande hus brukade samlas runt på kvällarna. Uppe på Vallåsen reste sig en hög mast så småningom som skulle ge oss ännu bättre bild än den vi nu fick från Arbrå-trakten. Jag minns att jag stod och tittade på masten och undrade, 'kan det här vara nyttigt och få en massa radiostrålar rakt genom kroppen?'

Hur var det – fick vi inte FM-radio samtidigt som TV1? Uppe i Färila hade vi i slutet av 1950-talet fått något som hette trådradio. Man kunde ta in radiosignalen genom att koppla in sig på telefonjacket och slapp därmed den knastriga mellanvågen som fungerade bäst på kvällarna. Det var en föregångare till dagens bredband, som gör att vi kan ta in radio och snart även TV via en fiberkabel i husen. Men visst fick vi FM-radio i den vevan. Ganska snart konkurrerades trådradion ut och alla köpte små flyttbara radioapparater som inte behövde anslutas till ett jack.

FM och TV1 kom alltså samtidigt som kurvan över antal hudcancerfall började skjuta i höjden. Jag beslöt att närmare ta reda på hur utbyggnaden av radio och TV gick till. Uppslagsverk, ett besök hos Telias bibliotek och ett antal besök på Internet gav snart en klar bild över hur många personer som fick tillgång till radio och TV varje år. Via Internet fick jag även uppskattningar av motsvarande uppgifter i USA, både när det gäller FM och antal hudcancerfall. Det intressanta var att utbyggnaden i USA tog fart först runt 1974 medan den drog igång 1955 i Sverige. Nu var det en relativt enkel sak att göra en snabbanalys av sambandet mellan radioutbyggnad och hudcancerincidens. Märkligt nog så visade det sig att båda datamängderna gav närmast identiskt samma Dos-respons kurva. Hela denna undersökning gjorde jag på två kvällar framför Internet, svårare än så var det inte.

Det här borde Ericsson få se

Men vad betydde då detta? Finns fler cancersjukdomar, som påverkas av radiostrålning? Borde man inte vara försiktig med ytterligare storskalig utrullning av radiosystem, våra mobilsystem t. ex? Jag skrev ner mina resultat i en enkel rapport och skickade den till Ericssons informationschef Lars Stålberg. Detta var den 14 maj 1998. Svaret kom 18 maj från Christer Törnevik där han bl. a säger: **"Min rekommendation är att du inte sprider ditt manuskript varken internt eller externt, och naturligtvis inte skickar det till någon tidskrift."**

Av distributionslistan framgick att svaret hade skickats till ett antal höga chefer inom Ericsson, bl. a till min dåvarande chefs chefs chefs chefs chef som hette Ingemar Nilsson. Han ansvarade för utvecklingen av det fasta nätet och borde vara intresserad av sådant som kunde öka intresset för detta. Men från Ingemar hörde jag inget i denna fråga. Han dog förresten i en hiss relativt snart därefter.

Vid denna tidpunkt hade jag fått uppdraget att driva ett miljöledningsprojekt för hela divisionen och var alltså dess miljökoordinator. Av styrgruppen hade jag också ombetts följa utvecklingen när det gäller elektromagnetisk strålning som man ansåg vara en viktig miljöfråga. Eftersom Ericsson redan hade en expertgrupp inom detta område, vars uppgift var att stötta "oberoende" forskning och att följa utvecklingen och att skriva lugnande broschyrer, sågs mitt inhopp med oblida ögon. Christer skrev: **Jag skulle också vilja veta av vem du har blivit ombedd att följa utvecklingen rörande radiokommunikation och eventuella hälsoeffekter.**

Sammanfattningsvis kan man säga att relationen mellan mig och expertgruppen blev något ansträngd.

Internet har data så det räcker

Kan man önska sig någon bättre draghjälp för att komma igång med forskning än mothugg, som luktar mörkläggning? Nu blev jag riktigt engagerad och ägnade många kvällar åt att samla in data, främst via Internet. Det visade sig finnas gott om hudcancerstatistik från de flesta länder. Vissa länder har tydligen drabbats hårt medan andra, även soliga länder, klarar sig väldigt bra. Det finns utmärkta databaser, som ger både sifferuppgifter och kartinformation. När jag betat bland all denna information slogs jag av tanken: **det är kanske många fler som arbetar med att göra fina databaser än som använder dessa till något nyttigt?** Med all denna information tillgänglig så borde väl all världens problem vara analyserade och åtgärdade vid det här laget? Men vem vill lösa problemen egentligen? Det är ju problemen, som gör att vi behöver göra och underhålla databaser. Det är problemen, som leder till forskningspengar. Det är problemen, som motiverar existensen av många myndigheter, trafiksäkerhetsverket, socialstyrelsen etc. etc.

Cancer är ett problem naturligtvis. Det leder till att vi måste samla in pengar till Cancerfonden. Mängder av läkare och specialister har sin dagliga försörjning tryggad tack vare cancern. Den medicinska industrin är helt beroende av att ständigt få utveckla och producera nya, dyra mediciner och behandlingsmetoder. Utan detta problem skulle hela Sverige kanske stå stilla, vi kanske skulle få deflation.

Antagligen är ingen intresserad av att lösa detta problem, den som försöker kommer säkert att stöta på hårt motstånd och kanske mista livet. Det kanske redan finns några som har försökt – var finns de idag?

Ju mer jag analyserade data från olika länder desto tydligare framgick bilden: Något drastiskt inträffar i västvärlden i mitten av 1950-talet. Då drar cancern iväg mer eller mindre samtidigt i många länder. Då börjar myndigheterna att satsa på dataregister för att kunna följa utvecklingen. Men inte att göra något åt den?

Tidsmässigt sammanfaller ökningen av hudcancer med införandet av FM-radio i många länder. Men lustigt nog så verkade östländerna vara mer eller mindre immuna mot detta. Jag hade också kommit över uppgifter om astma och allergier från olika länder. Även där såg jag att östländerna var mer förskonade. Kanske kommunismen inte var så galet när allt kom omkring? Eller var det någon annan faktor som spelade in? Experterna förklarade i sina artiklar att skillnaden berodde på 'vårt västerländska levnadssätt'. Utan att förklara vad nu detta egentligen avsåg. Var det så att McDonalds hamburgare spred hudcancer och astma?

Eller var det så att vi västerlänningar höll oss i solen medan kommunisterna hukade i skuggan? Vissa förståsigpåare ansåg att vi har det så rent och fint här i västerlandet att vårt immunförsvar inte har något att göra. Därför ger det sig på den egna kroppen och skapar allergier, astma, reumatism och allt möjligt elände. Det där borde nog synas närmare i sömmarna tänkte jag.

Kartbilden börjar växa fram

Om det nu inte var så att kommunisterna ständigt smög omkring i skydd av buskarnas skuggor och på så sätt undvek hudcancer så måste det väl vara något annat. Jag beslöt följa radiospåret vidare och besökte Telias bibliotek för att få en bild av hur FM-radion var spridd i världen. Det visade sig att de internationella myndigheterna hade delat upp världen i olika radioregioner. Västvärlden hade fått frekvensbandet 87-108 MHz medan Kina, Japan och östblocket hade fått ett lägre frekvensområde runt 70 MHz för sina FM-sändare.

Vad är FM för något egentligen? Jo det betyder Frekvens Modulation. Man varierar alltså frekvensen lite grand i takt med ljudvågorna medan själva amplituden är konstant. Även på natten när man sover och stationen inte sänder någon information så går en och samma grundfrekvens ut i etern som ett evigt tjut, som vi lyckligtvis inte kan höra med öronen. Tyvärr kan vi ha otur och råka ha sängen i en sådan riktning att denna konstanta ton hamnar i resonans med vår kropp. Vi kan ligga i resonans 8 timmar i sträck om det vill sig illa. Hur nyttigt är det egentligen att ha antennströmmar, som ligger i resonans med armar, ben och bål hela natten? Vilken gymnasist som helst kan räkna ut att halva våglängden vid 100 MHz är 1,5 m.

Hm... Hur ser nu världskartan ut när det gäller frekvenstilldelningen för FM och när det gäller förekomst av hudcancer? Jag hittade ena bilden i Telias bibliotek och den andra bilden fick jag fram via GLOBOCAN, IARC's databas på nätet. Av kartorna framgick att 100 MHz används bl.a. i Västeuropa, USA och i Australien. Just dessa områden har också de högsta incidenstalen för hudcancer.

Kan en elingenjör skriva i en medicinsk tidskrift?

... inte skickar det till någon tidskrift

C hrister Törneviks uppmaning att inte publicera något av mina resultat blev givetvis ett starkt incitament att göra en artikel, som kom in i en välkänd medicinsk tidskrift. Som relativt välkänd expert inom tillförlitlighetsvärlden var jag inte ovan vid att skriva och publicera artiklar. Jag hade minst 20 olika arbeten publicerade i kända journaler och internationella konferenser. Vid ett tillfälle skrev jag också ett kapitel i en bok tillsammans med bl. a. Göran Grimvall.

Men att skriva en medicinsk artikel och få den accepterad i en medicinsk facktidskrift var kanske en helt annan sak. Jag tog upp tråden igen med Olle Johansson på Karolinska. Via ett e-mail berättade jag att jag hade en artikel på gång och jag undrade om han skulle kunna tänka sig att bidra med ett avsnitt om hur elektromagnetiska fält kan påverka celler; ett område som jag förstod var hans specialitet.

Han svarade vänligt att det kunde han nog tänka sig, men eftersom han får så mycket material och brev och e-mail så måste utkastet vara i stort sett färdigt innan han ville ha en kopia. Så jag försökte formatera artikeln enligt regler jag fann på Lancets hemsida och skickade sedan iväg det till Olle. Hans svar visade att detta var ett område, som han verkligen var intresserad av och att vi visst kunde samarbeta om detta. Detta var ju mycket bra, med hjälp av KI borde möjligheten att få något publicerat öka väsentligt. Dessutom var naturligtvis Olles erfarenhet av publicering i medicinska tidskrifter ovärderlig. Han har publicerat över 400 arbeten.

Efter sommaren 1998 arrangerades ett möte med Professor Ulrik Ringborg på Radiumhemmet. Där fick vi en halvtimme och jag presenterade mina resultat och försökte visa hur incidensdata från 4 länder stämde väl överens med exponeringsdata från FM-radion i samma länder. Jag tror att jag hade vissa svårigheter att framföra budskapet för när 28 minuter hade gått påminde Ulrik oss om att 'nu är det 2 minuter kvar'.

Under hösten fortsatte jag mina analyser och gjorde t ex kartbilder över utstrålad effekt från FM-sändarna i landet och jämförde med motsvarande hudcancerkartor. Detta gjorde jag för både Sverige och Norge. För att klara av den uppgiften fick jag gå en kurs i programmering i Visual Basic vilket jag utnyttjade för att göra kartgrafiken i Excel. Det var också nödvändigt att få en bättre bild av befolkningens ålderssammansättning för att på ett riktigt sätt kunna göra beräkningar av antal hudcancerfall. Detta låter komplicerat men måste göras om man verkligen vill studera effekten av att exponera en hel befolkning för en miljöstörning.

Varför hade inte Socialstyrelsen sådana uppgifter? Eller Statistiska Centralbyrån? Är det så att ingen har räknat på effekterna av miljöstörningar av en hel befolkning förut? Jag började bli mer och mer fundersam över hur forskningen om Sveriges hälsotillstånd bedrivs. Jag blev tvungen att hämta in rådata själv och ur dessa beräkna överlevnadsandelen av dels nyfödda och dels en blandad, genomsnittlig befolkning. Resultatet skickade jag till SCB som tackade och svarade efter granskning att detta verkade vara rätt beräknat. Var jag först med detta grundläggande?

Om inte professionella miljöepidemiologer använde sådan information; hur kunde de då göra några vettiga studier och analyser överhuvudtaget?

Fler intressanta data kom fram. Ur Socialstyrelsens databas fick jag uppgifter om åldersspecifik incidens, d.v.s. incidensen för personer i olika åldrar i 5-årsintervall. Sådan information fanns lätt tillgänglig från 1975 och framåt. Det lustiga med denna statistik var att den visade att incidensen planade ut på en viss nivå bara man var över en viss ålder. Denna utplaningsnivå ökade med åldern vilket var ett tydligt indicium på att den ökande incidensen berodde på exponeringstid och inte på åldrandet i sig. Ytterligare en intressant iakttagelse är att kurvorna går spikrakt ner mot noll vid ca 12-13 års ålder. Precis samma förhållande ser man i data från Norge. Det innebär att immunförsvaret börjar svikta vid puberteten och faktiskt ca ett år tidigare för flickor än för pojkar vid en närmare granskning. Men någon förklaring till varför det förhåller sig på detta sätt har aldrig framförts. Det enda jag med säkerhet kan hävda är att barnen vid den åldern får ökad kroppslängd, och att flickorna faktiskt börjar växa till sig tidigare än pojkarna.

Att effektkartor och hudcancerkartor liknade varandra framgick tydligt. Detta skulle också poängteras i artikeln där både Sveriges och Norges kartor visades. Se som exempel Figur 1. Tillsammans med en hel del annat material satte jag ihop den ena halvan av artikeln och Olle skrev den andra, som handlade om EMF-effekter mer på cellnivå. Vårt första försök var naturligtvis The Lancet dit vi skickade vårt manus den 15 mars 1999. En månad senare, den 23 april kom det avböjande svaret. Så enkelt var det alltså inte.

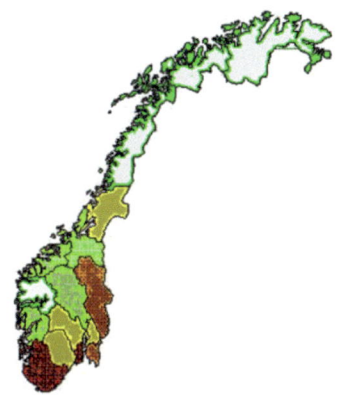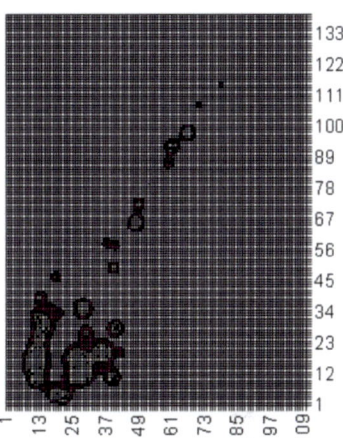

Figur 1 Kartorna över hudcancer och sammanlagd uteffekt från FM-sändare visar viss likhet.

En intresserad chef

På hösten 1998 fick vi en ny chef efter Ingemar Nilsson, som hade fortsatt med hissen längre upp än han hade tänkt sig. Det var Einar Lindquist, en ca 40-årig lång skåning, som hade varit chef för ett Ericsson-bolag i USA tidigare. Fasta nät och sladdar var ute och vår enhet, Public Networks, sågs av Ericssons ledning som en kvarnsten om vår smala budgethals. Einars uppgift var antagligen att lägga ner verksamheten trodde vi.

På stormötet i matsalen presenterade han sig. Utan slips! Vi skulle ha nöjda kunder, detta skulle mätas på ett enkelt sätt. Fasta nät är det som vi ska satsa på! Inte bara telefonsamtal utan allt möjligt annat, s.k. flertjänstnät. Enheten bytte genast namn till Multi Service Networks och alla chefer gick utan slips.

Jag hade tidigare haft gott samarbete med en av Einars chefer när vi brottades med ett stort tekniskt problem. Han hette Hans Erik Svensson och var dalmas och mycket sympatisk. Jag beslöt att informera honom om mina privata undersökningar om sambandet mellan hudcancer och FM-radio. Efter ett första möte beslöt Hans Erik att ordna ett möte med Einar Lindquist så att även han skulle få veta vad jag kommit fram till. Om det visade sig att radiostrålning inte var odelat nyttig för människokroppen kanske intresset för ledningsbunden kommunikation skulle kunna öka.

Den 14 januari 1999 träffades vi i Einars egna sammanträdesrum där lunchmackor och öl var framdukade. Det var kanske bäst att inte ha mötet med mig alltför synligt. När jag startade min föredragning ville jag peka vilken affärsmässig potential, som låg i detta. Einar var snabbt med på noterna men sade ungefär, skippa affärerna, berätta om sambandet istället.

Efter att ha visat ett antal bilder och förklarat deras innebörd sade Einar: "Sådant här får man inte hemlighålla. Skulle man kunna peka på att vi hållit inne med detta i 3 veckor skulle det kunna kosta Ericsson en massa pengar. Du bör berätta detta för Jan Uddenfeldt, vår tekniske direktör. Jag ska snacka med honom."

Något möte med Jan Uddenfeldt blev naturligtvis aldrig av. Istället ordnades ett möte uppe i Kista på Christer Törneviks kontor där jag visade mitt material på en medhavd dator. Detta möte kom till stånd någon månad efter mitt möte med Einar så något större intresse för ämnet verkade alltså inte finnas hos den tekniska ledningen. Väl uppe på Christers kontor frågade han mig om han fick ta med en kollega, en epidemiolog vill jag minnas. Detta var inte aktuellt utan jag visade mitt material enbart för Christer och vi diskuterade hudcancer. 'Men det finns en epidemiologisk studie över just hudcancer och radiosändare' sade Christer och gick fram till sitt skåp med litteratur. 'Enligt den rapporten fanns inget samband alls vill jag minnas'. Men när Dolk's rapport kom upp på bordet visade det sig vara precis tvärtom, ett signifikant samband hade noterats mellan avståndet till den undersökta FM-sändaren och omgivande områdens hudcancerincidens. Hmm...

– Men vetenskapen har hittills endast kunnat visa på ett samband mellan ökat solande och hudcancer, sa Christer. – Och hur vetenskapligt har man gjort den undersökningen då, undrade jag. Man borde väl då kunna begära en rapport, som visar att solandet har ökat generellt och helst innan hudcancern drog iväg. Detta höll faktiskt Christer med om. I ett senare skede återkom jag till denna fråga och började granska fakta själv; men mer om detta senare.

Inte accepterat – hur gör man?

Tillsammans med en hel del annat material hade jag satt ihop ena halvan av artikeln och Olle den andra, som handlade om EMF-effekter mer på cellnivå. Vårt första med The Lancet gav inget napp, som tidigare nämnts.

Nya tag, varför inte Nature? Om man gör det som ett 'research letter' kanske det kan gå. Efter lite filande skickade vi iväg ett nytt manus till Nature den 16 maj 1999. Den 8 juni kom åter ett avslag men denna gång mer detaljerat när det gäller vad man tyckte sig sakna. Dels var artikeln för lång, dels alltför specialiserad för Nature. Och man ville ha mer av kausala samband och inte bara enkla korrelationer för att kunna ta emot artikeln.

Det var ju bra att man fick lite tips.

Efter sommaren gjorde vi ett nytt försök, denna gång mot BMJ, British Medical Journal. En månad senare, den 8 september 1999 kom svaret att man läst artikeln med stort intresse men att det tyvärr inte fanns plats för den i tidningen. Den 22 november gjorde vi ett nytt försök med Journal of Exposure Analysis and Environmental Epidemiology – en tidning som tycktes ha rätt inriktning för vårt ämne.

Denna gång gick faktiskt artikeln vidare på en granskning och vi fick granskarnas kommentarer i retur. Den ena referenten tyckte det var ett intressant uppslag men att mer underlag behövdes. Den andra referenten hade haft uppenbara svårigheter att förstå papperet överhuvudtaget. Man måste skriva mycket enkelt och lättförståeligt verkar det som.

Debattartikel i Biologisk Medisin

Olle föreslog att vi skulle lämna ett bidrag till en norsk tidskrift, som tydligen var intresserad av inlägg. Jag skrev då ihop en debattartikel, som skulle adressera det faktum att cancerexplosionen sedan 1955 har skördat tusentals liv men att ingen verkar intresserad av att ta reda på orsaken. Den fick titeln: "Har tusentals personer offrats sedan 1955?". Om man tittar enbart på antalet människor som har avlidit i hudcancer i Sverige sedan 1955 och jämför med trenden som den var tidigare så ser man att över 6000 fler personer har fått sätta livet till. En liknande analys som tar hänsyn till förändrad trend för all cancer landar på siffran 142000 personer!

Jag fick själv endast någon enstaka reaktion på artikeln, och den var enbart positiv.

Archives of Environmental Health

Olle föreslog att vi skulle skicka in vår huvudartikel om hudcancer och FM till Archives of Environmental Health. Denna tidskrift har bl a uppmärksammat problemet med multikänslighet för kemiska substanser. Den 27 april 2000 skickade vi iväg manuset på 40 sidor. Det gick ut på review och vi fick kommentarer den 11 september 2000. Den 16 november skickade vi in en modifierad version där vi tagit hänsyn till de många olika kommentarer som vi fått. Efter ytterligare korrespondens kom så slutligen beskedet: vårt papper hade accepterats den 23 februari 2001. Sedan fick vi vänta ända till februari 2002 innan den tryckta versionen fanns framme. Från början till slut tog det således 2 år så när som på 2 månader.

En viktig upptäckt, som jag gjorde under förarbetet med denna artikel var sambandet mellan antalet FM-sändare, som täcker ett område och dess cancerincidens. Det började med att jag med hjälp från Teracom AB gjorde ett program för att beräkna summaeffekten på en ort från alla FM-sändare, som nådde in över denna ort. Tanken var solklar: Ju större totaleffekt desto större hudcancerincidens hade jag förväntat mig. Det var med stor spänning, som jag laddade in data och tryckte på startknappen. Resultatet motsvarade inte alls förväntningarna! Effekten och incidensen hade inget samband alls tycktes det; det blev en prydlig boll eller ett moln av de 289 prickarna, som de svenska kommunerna bildade.

När jag vid ett tillfälle sommaren 1999 hade svårt att sova, slog det mig plötsligt att man kanske skulle räkna hur många sändare som når in över varje kommun. Det kanske mer är en fråga om antalet än den sammanlagda effekten. Varför det skulle kunna vara så hade jag ingen färdig uppfattning om, men det skulle väl inte skada att testa. Under några kvällar satt jag med Teracoms täckningskarta och färgade de ringar som låg runt varje storsändare. Om ett område endast täcktes av en ring lämnade jag den ofärgad. Områden med två överlappande sändare blev gröna, tre blev gula, fyra sändare gav blå färg och slutligen om någon hade fler så blev det röd färg. Efter denna uppgift, som skulle ha kunnat delegeras till ett dagis kanske, så gick jag igenom samtliga kommuner på kartan och angav färg, d.v.s. antal överlappande huvudsändare.

Återigen var det med spänning jag tryckte på knappen för att se om det fanns något samband. Och se, denna gång var det bättre! Det var en klar risk att bo i en kommun, som hade många huvudsändare som strålade in över området där man bor. Nästa fråga var då: Vad kunde detta bero på?

Myndigheterna med SSI i spetsen hävdar att radiostrålning är helt ofarligt för människokroppen så länge inte hjärnan koagulerar av värmeutvecklingen. Det är endast värme, som har någon betydelse för risken att bli sjuk enligt detta synsätt. Om så är fallet, varför har man inte förbjudit bastubad? Jo därför att inga vetenskapliga experiment har lyckats framkalla cancer hos stackars försöksdjur oavsett hur länge och vid vilken temperatur man har plågat dem.

Vårt immunförsvar är en komplicerad process där ett känsligt och omfattande informationssystem har till uppgift att reagera på störningar, inkräktare och annat. Om en hudcell har blivit skadad p.g.a. kraftig UV-strålning så ska den repareras eller avlivas under nattens sömn. Där har melatonin en viktig uppgift. Om nu en närbelägen huvudsändare råkar ligga åt ett sådant håll att man ligger i resonans hela natten kommer antennströmmar att flöda i huden under kanske 8h. Det är mer än sannolikt att detta skulle störa en naturlig reparationsprocess. Och ju fler sändare, som omger sängen, dess större är risken att sängen står i en riktning, som ger resonans med någon av dem.

Debattartikel i Medikament

Under hela denna långa tid, som det tog för oss att få artikeln om hudcancer publicerad, hade jag jobbat vidare med data från andra cancerformer. Detta skulle senare leda till en annan artikel i en australisk tidskrift. Under detta arbetes gång noterade jag hur väl kurvan över antal långtidssjukskrivna överensstämde med dödligheten i cancer. SSI's generaldirektör L-E Holm hade i ett brev till mig påpekat att dödlighetskurvor skulle man inte bry sig om, de påverkas alltför mycket av förbättrade behandlingsmetoder. Själv var jag av en helt annan uppfattning. Om det nu är så att en omgivningsfaktor, t ex miljön försämras på ett sätt så att kroppens läkningsförmåga försämras så borde väl det ge det snabbaste utslaget på dödligheten hos redan halvdöda cancerpatienter? Men SSI skrev som slutkläm på brevet till mig följande:

"Sammanfattningsvis finns det således inget som talar för vare sig ett trendbrott i cancerincidensen eller att ett stort antal cancerfall skulle bero på EMF."

Det är märkligt att SSI's generaldirektör så kategoriskt kan förneka existensen av de mycket tydliga trendbrott, som varje människa kan se mycket klart om hon studerar offentlig statistik.

Tidskriften Medikament är en oberoende tidskrift, som inte styrs av några industriella intressen, vare sig från medicinsk eller elektronisk industri. Jag fick höra talas om denna tidskrift av Olle Johansson och började skissa på en liten artikel där vi skulle peka på de tydliga trendbrott vi såg i cancerdödlighetskurvorna och även i statistiken för antalet långtidssjukskrivna. Det lustiga var även att varje gång som kurvorna fick en knyck uppåt eller nedåt så startades nya sändarnät eller också så stängdes sändare. Sannolikheten att dessa händelser skedde samtidigt av en ren slump ansåg vi vara mycket låg, ungefär som V65. Här gällde det att pricka in 7 rätta årtal av 100 tänkbara. Lars-Erik Holm avfärdar dock alla våra resultat som "kuriosa" (GT 27/6 2003).

Artikeln 'Cancerdödlighet och långtidssjukskrivning' kom ut i tryck i nr 1 år 2002 som en debattartikel.

Accepterad i ACNEM

Under hösten 2001 jobbade vi med en större översikt av hur cancertrenderna hade sett ut under 1900-talet. Via SOS och WHO's databaser fick vi data från 50-talet och framåt. För att kunna få en bild av tidigare statistik blev jag tvungen att besöka SCBs bibliotek och läsa inbundna böcker. Där finns böcker med statistik över dödsorsaker sedan lång tid tillbaka. Jag startade från 1911 där böckerna fick ett likartat nytt utseende och var ställda 'Till Konungen', d.v.s. till regeringen.

Efter mycket arbete fick jag ihop artikeln 'Cancer trends during the 20:th century', som vi tillsammans skickade in till Australian College for Nutritional and Environmental Medicine, ACNEM. Denna gång gick det bättre och efter en review-vända fick vi beskedet att artikeln var godkänd och skulle publiceras i april 2002.

Totalt hade vi nu 4 refererbara artiklar publicerade. Dessa borde kunna utgöra en bas för fortsatta studier. Förhoppningsvis kunde det bli lättare att publicera resultat om man redan hade några att peka på. Fast det visste jag ju inte säkert. Kanske blir det precis tvärtom om inte resultaten passar de som bestämmer vad som får publiceras.

Men helt tyst i svenska media...

Som jag nämnt inledningsvis hade jag våren 2000 kontakt med Gunni Nordström, som höll på att samla material till sin bok "Mörkläggning". Det blev inget möte oss emellan som planerat den 8 mars 2000 p.g.a. hotet från strålningsexperten kvällen före. Men när boken kom ut i september 2000 fanns dock en sida (sid. 200), som berättade om hur jag och Olle Johansson förgäves hade försökt intressera myndigheterna för våra resultat. Tidskriften Miljöaktuellt tog upp denna tråd och skrev en artikel om oss. Men det var det enda som hördes. När sedan originalartiklar publicerades av oss i medicinska tidskrifter i Sverige, Norge, USA och Australien så nämns detta inte med en stavelse i våra egna media. Detta trots att vi försåg media med pressreleaser med all nödvändig information. Var det någon, som inte ville att detta skulle uppmärksammas och som hade makt att styra över media? I så fall var det en ruskig framtidsvy som öppnade sig.

Glassförsäljning och drunkningsolyckor

Om nu svenska media låtsades vara helt omedvetna om de nya rönen så var saken annorlunda högt upp i Ericssons ledning. Den där Örjan Hallberg var en nagel i ögat på Hellström och kompani. Inte nog med att jag av Ericsson 1996 hade utnämnts till Expert inom området Reliability Engineering och därför inte utan vidare kunde negligeras när det gäller vetenskapligt arbete. Jag hade dessutom officiellt utnämnts till miljöchef för hela affärsområdet Fasta Nät och var från 2002 miljöchef för det nya sammanslagna affärsområdet Systems, som gav jobb åt ca 40 000 personer inom Ericsson för både fasta och mobila nät.

Att jag sade vad jag tyckte om radiostrålning ibland i mitt arbete som miljöchef var oerhört irriterande för ledningen. Mina närmaste kollegor var intresserade och jag förstod att de hyste en viss respekt för att jag vågade tycka något alls inom detta område. En gång när jag bytte kontor hamnade jag i ett kontorslandskap. Mitt skrivbord var placerat framför en bärande pelare 2 meter bakom min rygg. På pelaren hade man fäst en DECT-sändare, d.v.s. en radiosändare för den interna telefonin. Egentligen hade alla vanliga GSM-telefoner i ett system som kallas GSM-in-office och behövde inte denna DECT-sändare. Själv hade jag fast teledon med sladd. Att sitta och tala i en mobiltelefon 8h per dag är bara för sådana som är trötta på livet. Nåväl, efter ett par veckor på den nya arbetsplatsen fick jag växande hudproblem. Det var på båda benen under knäna som röda, kliande ytor började utbreda sig. De blev stora som handflator. Jag hade aldrig haft sådana rodnader tidigare där på benen. Men något liknande i mindre format hade jag tidigare fått på överkroppen när jag kom till ett kontor där jag satt ca 4 meter från en DECT-sändare. Nu satt jag närmare och fläckarna var större. Jag ringde till vår hustomte och sade till att den där sändaren ska bort! Eftersom det var miljöchefen, som sa till, så blev det som jag sade. Och efter ca 4 veckor hade fläckarna försvunnit. Jag har inte sett dessa på benen sedan dess, vilket jag är tacksam för. Dessa röda fläckar undersöktes av en hudexpert och jag fick reda på att det var 'annulär lichen robur' vilket är latin och betyder röd fläck. Tack för den upplysningen!

När vi flyttade in på min förra kontorsbyggnad gick sekretariatet ut med information om att vi skulle få GSM-in-office som standard. Alla skulle ha detta och inga fasta telefoner var tillåtna. Jag svarade genast att jag ville ha kvar min fasta telefon eftersom jag brukade få ont i örat redan efter tre minuters samtalstid i mobiltelefon om jag inte använde sladd. Svaret blev att inga undantag var tillåtna, jag skulle ha GSM-in-office och därmed basta! Då skrev jag ett svar på

11 bokstäver med kopia till Einar Lindquist: *Ska vi slå vad?*. Efter 20 minuter ringde sekreteraren och talade om att: visst kunde jag få behålla min fasta telefon, det hade hon fått bekräftat från annat håll nu.

I februari 2002 blev jag inkallad till min chef. Han visade mig ett e-mail, som kom från Håkan Eriksson, forskningsdirektör på Ericsson. I brevet skriver Håkan följande:

> Johan, Jag vet att du har mycket att stå i, men som Christer lite fint försöker säga så är detta potentiellt mycket farligt. Vi vill inte ha rubriken:
>
> *"Miljöchef på Ericsson slår larm, mobiltelefoni livsfarligt"*
>
> Nu jobbar han på Ericsson, och har valt att ge sig på oss. Han kunde lika gärna gett sig på Glassbolaget och hävdat att glass är livsfarligt, p.g.a. av den starka korrelation som kan påvisas mellan glassförsäljning och drunkningsolyckor... (båda sker på sommaren). Hans kvasiforskning ligger på den nivån. Christer representerar den seriösa forskningen inom området, som på 50 år inte lyckats påvisa något samband mellan ohälsa och radio, vid de effekter som används inom mobiltelefonin.
>
> /Håkan

Av Johan hörde jag inget i denna fråga. Ingen vågade göra något åt mig även om man kan misstänka att Håkan hade önskat att jag skulle få sparken direkt efter att han sänt detta brev till Johan Bergendahl.

Kompanistryk och lungcancer

"Jag vill ju inte att du ska riskera kompanistryk här på Ericsson..."

T rycket på mina chefer hårdnade i takt med att våra alster publicerades. I slutet av 2002 var läget så allvarligt att jag kallades in till affärsenhetens personalchef och enhetens chefscontroller vilka båda förklarade att något måste göras. Men mer om detta lite senare.

Vad gör våra myndigheter egentligen?

Under tiden, som vi arbetat med insamling och bearbetning av statistik angående sjukdomar, ohälsa och radiostrålning, kom vi i naturlig kontakt med flera myndigheter. En myndighet, som borde vara tung i sammanhanget är **Statens Strålskyddsinstitut, SSI,** eftersom denna myndighet har som uttalat ansvar att svara för strålskyddet i Sverige.

Men vadå för strålskydd? Är det strålningen, som ska skyddas eller är det industrin, som lever på radiostrålning som ska skyddas? Eller är det möjligen befolkningen, som ska skyddas för skadlig strålning? Många frågetecken tornar upp sig när man börjar granska SSI och myndighetens agerande. Jag återkommer till detta längre fram.

En annan myndighet, som vi verkligen haft nytta av, är **Socialstyrelsen, SOS**. Där finns gott om duktiga tjänstemän som hjälper till med att ta fram data ur olika databaser. Man har även lagt ut en stor mängd data tillsammans med ett bra analysprogram på Internet vilket numera gör det möjligt för vem som helst att börja söka samband och orsaker.

Riksförsäkringsverket, RFV, genererar också en hel del viktig information och rådata, som görs tillgänglig via Internet. Här kan man få alla uppgifter man vill om ohälsotal, sjukdagar mm på länsnivå. Från slutet av 2003 ska data även bli tillgängligt på kommunnivå. All sådan information är värdefull om man vill komma tillrätta med våra ständigt ökande ohälsotal.

Post och Telestyrelsen, PTS; är central myndighet när det gäller tillståndsgivning för radio, både mobil telekommunikation och all form av rikstäckande radio- och TV-sändning. Däremot tar man inga hänsyn till hälsoaspekter i tillståndsgivningen förutsatt att gällande gränsvärden beaktas. Denna myndighet har vi inte haft så stor nytta av. Tvärtom verkar man vilja undanhålla uppgifter om sändare och täckningsgrader mm på mycket oklara grunder. På frågan om man tog några medicinska aspekter i beaktande då man valde att ta 100 MHz som bas för FM-radions utsändningar blev svaret att det gjorde man inte.

Alla myndigheter förutom SSI verkar sky radiostrålningsfrågor som pesten. Sådana frågor hänvisar man direkt till SSI. Även **Naturvårdsverket** drar en klar skiljelinje mellan miljöfrågor och strålningsfrågor och låter SSI ta de senare.

Arbetsmiljöverket AV håller på samma sätt en låg profil när det gäller radiostrålning. Man kunde t ex förvänta sig att verket hade synpunkter på användning av mobiltelefon eller DECT-telefoner som enda telefonalternativ för personal, som sitter i timmar och talar i telefon hela dagarna. Men på deras hemsida ser man inget av detta. Denna heta potatis får SSI hålla i. Man får lätt intrycket att övriga myndigheter är rädda för SSI och på intet sätt vill konfrontera denna myndighet.

Att kontakta en myndighet

Det finns naturligtvis flera sätt att kontakta våra myndigheter. Ett sätt är att ringa växeln, beskriva sin fråga och hoppas att någon tjänsteman finns tillgänglig och har kompetens att ge ett relevant svar. Jag tycker att denna kontaktform är rätt bra eftersom man får direktkontakt, snabbt svar på följdfrågor och möjligen kan man av tonfall och annat utläsa vissa saker mellan raderna. Nackdelen med att ringa direkt och fråga är att man inte dokumenterar kontakten (såvida man inte har en bandspelare påslagen).

Att skicka e-post är ett behändigt sätt att ställa en konkret fråga. De flesta myndigheter har en formell registrering även av e-post och det går att fråga registratorn om hur långt frågan har vandrat i organisationen och vem som är utsedd handläggare. En viss osäkerhet finns dock om hur noga myndigheten tar sig an frågan. De får säkert många e-brev och måste hantera dessa på ett effektivt sätt.

Det gamla hederliga pappersbrevet framburet av en livs levande brevbärare är dock fortfarande det bästa sättet att få myndigheten att agera och att så småningom prestera ett skriftligt svar. Detta skriftliga svar kan användas som referens i publikationer eftersom det är diariefört och därmed är spårbart. Jag använder alltid denna kontaktform när jag vill försäkra mig om att svaret kan användas i framtida publikationer. Det är viktigt att formulera brevet så att det tydligt framgår att man vill ha svar på en viss fråga. Om man bara framför en synpunkt och hoppas att myndigheten ska svara med att tacka för brevet och förklara om de håller med eller inte så kan man bli besviken. Om brevet inte tydligt kräver ett svar kan det lätt läggas 'ad acta' d.v.s. till handlingarna utan vidare åtgärd. Det är endast genom att fråga registratorn som man då kan få reda på att så har skett.

Mig veterligt finns det ingen maxtid, som en myndighet måste hålla sig under, för att besvara en skriftlig förfrågan. Min erfarenhet är att handläggningstider på flera månader kan förekomma liksom att man ibland får ett skriftligt svar daterat bara ett par dagar efter mottagandet av min fråga. Jag ska i nästa avsnitt ge några exempel på frågeställningar till och svarshantering av olika myndigheter och departement.

Brev och brevsvarande

När jag skriver detta (augusti 2003) så har jag sedan 1998 skickat 11 brev till olika departement, 5 brev till Socialstyrelsen, 2 brev till Teracom, 4 brev till SSI, ett till Naturvårdsverket och 1 brev till Arbetsmiljöverket. Departementen har svarstider mellan 9 dagar och >8 månader. SOS 45 och 49 dagar, Teracom 15 och 20 dagar, SSI har 2, 4 och 78 dagar, Naturvårdsverket 190 dagar och AV svarade aldrig utan lade brevet ad acta. Rekordet på 2 dagar hålls av SSIs generaldirektör Lars-Erik Holm, som kommenterade mina frågor om trendbrotten i cancerdödligheten med att de inte fanns.

Långliggare hittar vi hos departementen. Miljödepartementet har efter 7 månaders funderande inte ännu kunnat svara på frågan om det går att garantera fortsatt strålningsfrihet i ett visst område om vi lyckas hitta ett sådant. Justitiedepartementet har nu funderat i över 8 månader på frågan om man riskerar åtal och skadeståndskrav om man publicerar en förklaring till varför många personer skadas eller avlider i det fall publiceringen kan innebära ekonomiska förluster för ett bolag vars verksamhet kan kopplas till dessa personskador.

Ett annat exempel är min e-fråga till kommunerna om de känner till om det finns något strålningsfritt område inom deras kommun och om de skulle vara intresserade av en rehabiliteringsverksamhet i ett sådant område. Där började svaren komma in snabbt i början men efter 36 dagar verkar det som om någon drog i nödbromsen den 21 maj 2003 Efter de första 80 svaren av totalt 289 möjliga slutade svaren abrupt och efter 120 dagar har jag fortfarande bara 82 svar. Även kommuner är skyldiga att besvara brev och e-brev.

Kompanistryk? Bäst att dra...

Efter Håkan Erikssons utfall i februari 2002 verkade det lugna ner sig på chefsfronten. Jobbet rullade på och jag drog igång miljöjobbet på den nya enheten Systems. Koordineringsmöten, utställningar och föredrag hölls för att rikta blickarna mot våra framtida miljöutmaningar där telekommunikation borde ha en viktig roll att spela. Även arbetsmiljön fick en skjuts framåt i och med att vår personaldirektör tog på sig rollen som ordförande i arbetsmiljökommittén. Själv bidrog jag med sekreterarskap och höll i kommitténs webbsidor.

Men så en dag på hösten 2002 blev jag inkallad till Jan Ögren, en trevlig ung man som var affärsenhetens chefscontroller och också chef för den avdelning där jag arbetade. Jag trodde att mötet skulle röra en lägesrapport om miljöarbetet och förberedde några bilder. Men ganska snart förstod jag att orsaken var en annan. Jan halade fram en kopia av artikeln om cancertrender, som nu hade publicerats av ACNEM. – Ja, den här känner du till förstås, sa Jan. Han hade fått artikeln från koncernstaben, som var bekymrad. Jag gav en kort sammanfattning om bakgrunden till artikeln och nämnde även arbetet med hudcancerstudien. Jan verkade intresserad och hängde definitivt med i resonemanget. Men hans problem var att jag nog inte kunde vara miljöchef och samtidigt publicera medicinska artiklar, som säkert skulle fastna i halsen på företagsledningen. Jag ombads fundera över situationen och eventuellt tänka på avgångspension eller att gå tillbaka till kvalitetsområdet, som han bedömde som mindre kontroversiellt med tanke på mitt författarskap.

I början av november 2002 blev jag så kallad till ett möte med Göran Henriksson, vår personaldirektör. Jag drog bakgrunden även för honom och han var uppenbart intresserad. Men uppdraget var att erbjuda mig en avgångspension. – *Risken finns att du får alla anställda på Ericsson mot dig om det här blir känt och du jobbar kvar här*, sa Göran för att ytterligare understryka värdet av hans erbjudande. I ett senare möte tillsammans med Jan upprepade Göran detta: – *Jag vill ju inte att du ska riskera kompanistryk här på Ericsson.*

Efter dessa tydliga indikationer bestämde jag mig direkt. Jag skulle omgående avbryta allt miljöarbete och fram till avgången endast handlägga kvalitetsfrågor. Av en slump råkade det passa mycket bra eftersom ett stort kvalitetsproblem hade börjat uppmärksammats på olika håll i världen. Tiden till min avgång i februari 2003 blev därför meningsfull och jag fick faktiskt göra en hel del på det området även efter avgången under ett par månaders tid.

Det kändes skönt att ha bestämt sig. Att få forska på heltid om sådant man var intresserad av… Kanske inte så dumt i alla fall.

Ingen rök utan lungcancer?

Vi har väl alla sett 30-talsfilmer där alla röker som borstbindare. Friska och sunda bolmar de i kapp och ingen talar om hälsorisker. Faktum var att man inte blev särskilt sjuk av att röka på 30-talet. Inte på 40-talet heller för den delen. Det var inte förrän i slutet av 50-talet som lungcancern tog fart och antal döda sköt i höjden. Ett annat faktum är att antalet döda i lungcancer och hudcancer följs åt som ler och långhalm.

Uppenbarligen händer något väsentligt i mitten av 1950-talet eftersom folk faktiskt börjar dö. Det kan knappast vara fråga om simulanter, som bara vill utnyttja sjukvårdssystemet, vilket en viss partiledare ville göra gällande. Det ser ut som om kvoten mellan lungcancerdöda och hudcancerdöda i Sverige är 10. Detta var intressant – undrar hur det är i andra länder?

Jag rotade återigen bland databaserna och tog fram dödstal i hudcancer och lungcancer för ett stort antal länder. Samma förhållande upprepade sig – kvoten var konstant i de flesta fall. Danmark har kvoten 16, Norge har kvoten 8 och så vidare. Det visade sig att just denna kvot var starkt kopplad till hur mycket man röker i de olika länderna. Däremot var dödligheten i lungcancer inte lika hårt kopplad till rökvanorna! I Egypten kan man röka hejvilt utan att bli sjuk. Och någon hudcancer att tala om har man inte. Det blev ett intressant diagram och vi försökte publicera en artikel om detta. Omöjligt, antagligen var konceptet alltför komplicerat och vi alltför dåliga på att förklara vad vi funnit.

Självfallet har rökningen stor betydelse för cancerrisken men kopplingen till hudcancer är också stark. Och eftersom solskenet knappast orsakar alltför stora skador i lungorna måste det vara fråga om någon annan, gemensam faktor som påskyndar både hudcancer och lungcancer. Men detta var alltså för svårt att förklara för att det skulle kunna publiceras.

Asbestos blev en farlig sjukdom 1955

Asbest har använts som byggnadsmaterial under långt mer än 100 år. Av Nationalencyklopedin framgår det att vi i Sverige har mer än

400 ton asbest byggts in i våra hus och byggnader. Trots att man känt till sjukdomen asbestos sedan början av 1900-talet klargjordes inte kopplingen till lungcancer förrän i mitten av 1950-talet. Först i slutet av 60-talet fick man klarare bevis på asbestens farlighet eftersom man nu kunde notera de första dödsfallen.

Strängare regler för asbestanvändning infördes på 70-talet och idag är asbestarbete omgärdat av rigorösa säkerhetsbestämmelser. Asbestos uppträder enligt Nationalencyklopedin först 8-10 år efter exponering för asbest och förstärks kraftigt av tobaksrökning. Eftersom säkerhetsåtgärderna infördes för 30 år sedan och rökningen också har minskat sedan dess borde vi nu se en klar tendens av minskande antal dödsfall på grund av asbestskador.

Detta var en intressant fråga tyckte jag och begärde in mer detaljerade uppgifter ur dödsorsaksregistret. Till min förvåning ser det inte alls ut att vara fråga om någon nedgång i asbestrelaterade dödsfall – snarare en explosion. Se Figur 2.

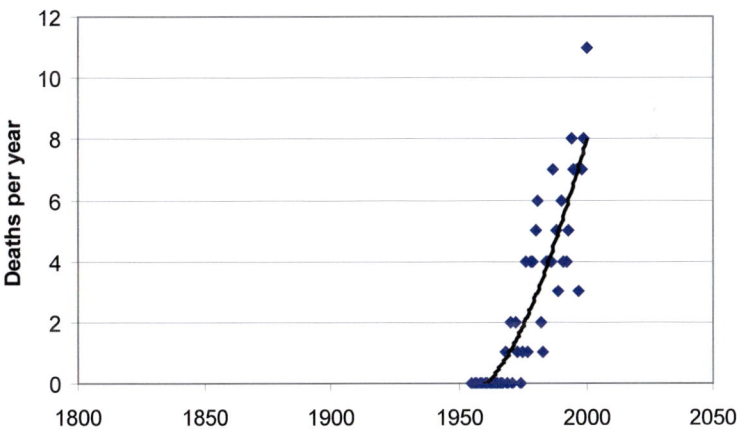

Figur 2 Antal dödsfall i asbestos i Sverige ökade snabbt efter 1955.

Om latenstiden för asbestskador ligger bakom denna snabba uppgång skulle dessa dödsfall ha initierats i slutet av 1800-talet på arbetare i 20-60 årsåldern. Eftersom t.ex. då 40-åringarna inte har genererat dödsfall förrän tidigast på 1970-talet så borde de som avlidit ha varit minst 110 år gamla vilket naturligtvis inte var fallet. Det är återigen något som underlättar uppkomst av cancer, i det här fallet asbestos, som omvandlas till cancer i lungorna. Sambandet mellan de olika cancerformerna, som alla drog iväg efter 1955, börjar bli allt tydligare. Men våra försök att publicera något om detta blev lika fruktlösa som lungcancerdiskussionen.

Hudcancer och FM-radion

Hela denna historia började med att jag 1998 noterade att hudcancern började dra iväg från samma år som FM-radion började byggas ut i Sverige. Men, ärligt talat, i praktiken var det ju så att det tog flera år innan FM-radion fanns på plats i alla län. Stockholm var först ut men det fanns län, som fick vänta upp mot 10 år, innan de fick njuta av teknikens landvinningar.

I början av 2003 beslöt jag mig för att titta närmare på detta förhållande. Tänk om det visade sig att län, som inte hade fått FM-radio, i alla fall hade en kraftig ökning av hudcancerfallen från 1955? Då skulle jag behöva hitta någon ny förklaring. Med viss spänning begärde jag in data från Socialstyrelsen över hudcancern i våra olika län sedan 1952. När jag hade databasen i min hand började jag genast att studera statistiken.

Det verkade som om jag hade rätt i alla fall. Hudcanceruppgången var förskjuten i de län, som fick FM-radio senare. För att åskådliggöra detta definierade jag tiden "noll" som det år då respektive län fick täckning från en eller flera FM-sändare. På så sätt kunde jag få fram incidenstal för alla län både före och efter en utbyggnad. Data visade hur hudcancern nästan verkade vara på väg nedåt innan den tvärvänder det år länen begåvas med en FM-sändare, som vyssjar befolkningen till sömns varje natt... Se Figur 3.

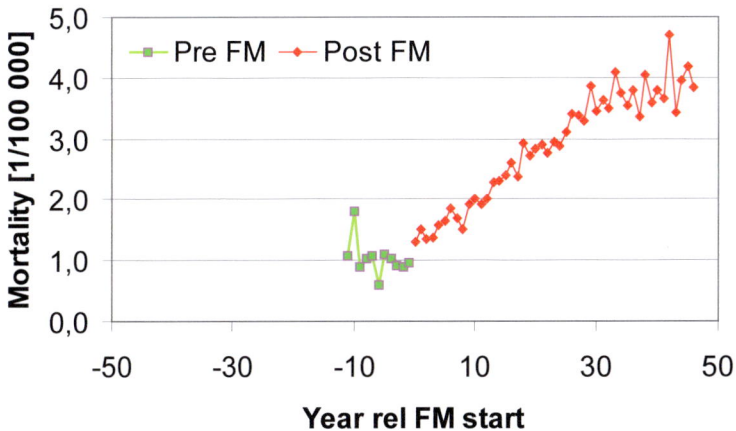

Figur 3 Dödligheten i hudcancer slog till först när våra län begåvats med en eller flera FM-sändare.

SSI går till attack i Göteborgstidningen

Under maj-juni 2003 blev Olle kontaktad av en reporter från Göteborgstidningen. Reportern skulle göra en reportageserie om 3G i fyra avsnitt ur olika aspekter. Som slutkläm ville han berätta om våra resultat när det gäller cancer och radio/TV sändare. Artikeln kom ut den 27 juni 2003 och berättade översiktligt om de samband vi funnit. Artikeln innehöll också uttalanden från SSIs generaldirektör Lars-Erik Holm och en forskare på Karolinska

Institutet. Holm avfärdade våra resultat som "kuriosa" och den andra forskaren ansåg det hela vara "nipprigt".

Vi tyckte det var märkligt att det krävdes en generaldirektör för att avfärda oss. Fanns det ingen annan på SSI, som var villig att göra det jobbet? Tänk om det till sist ändå skulle visa sig att vi hade rätt... "Nippertippan" tar jag mig själv friheten att avfärda utan att ens nämna vid namn.

"De tolkar data lite som de vill"

Lars-Erik Holm, generaldirektör på SSI, Statens Strålskyddsinstitut avfärdar **Örjan Hallbergs och Olle Johanssons rapport som kuriosa.**

GT 2003-06-27

Sveriges immunförsvar är försvagat

"Jo, så kan man nog uttrycka det..."

D et går utför med Sverige. Under 2002 uppnådde kostnaderna för sjukdom och vård den hisnande nivån av 188 MdSEK. Från början av 1990-talet sjönk kostnaderna markant fram till augusti 1997. Sedan tvärvände det. Och idag, hösten 2003, hotas vår ekonomi inte främst av den svaga konjunkturen utan av den allt svagare folkhälsan. Men inte en krona vill man satsa för att ta reda på orsaken.

Sjuksverige

När jag skriver detta har TV just meddelat att utrikesminister Anna Lind avled på morgonen kl 05.29 efter knivdådet på NK. Har Sverige blivit helsjukt? En galning börjar slå ihjäl folk på en perrong med ett järnrör, en annan kör in sin bil på en gågata och mejar ner fotgängare. Man får sig en tankeställare...

Långt tidigare fick jag anledning att titta närmare på ohälsan i Sverige. Det började med att jag skulle göra en årsrapport från arbetsmiljökommitténs arbete. För detta behövde jag bl.a. uppgifter över hur hälsoläget hade utvecklats i företaget de senaste åren. Vi ville naturligtvis kunna visa att vi var på rätt väg. Men var vi det?

Statistiken över andelen sjukskrivna talade ett annat språk. Utvecklingen inom Ericsson i Sverige redovisades månad för månad sedan januari 1995. Det är tydligt att ett trendbrott ägde rum någon gång runt januari 1998. Den friskaste månaden är normalt juli och man såg att juli 1998 hade ökat i jämförelse med juli 1997. Detta var ju inte mycket att skryta med i arbetsmiljökommitténs årsrapport.

Men vi kanske var bättre än andra? Hur gick det för näringslivet i stort och Telia t.ex.? Svar på dessa frågor fick jag enkelt via Telias hemsida. Det visade sig att vi ingalunda var ensamma om att ha en ökande kostnad för sjukskrivning. Egentligen var våra siffror lägre än Telias så jämförelsevis kanske vårt arbete var lyckat i alla fall? Genomsnittet för industrin enligt svenskt Näringsliv var ännu värre. Och alla kurvor vänder runt slutet av 1997, det hade vi i alla fall gemensamt.

I denna veva dök det upp en artikel om det framgångsrika arbetet med arbetsmiljön inom Saab Scania. Där visade man stolt upp hur man hade vänt kurvan över ökande sjukskrivningar till att börja minska igen. Här såg man återigen att andelen sjuka börjar öka från 1997 men faktiskt återigen avtar från 1999. Hur kunde detta komma sig? Vad hade Scania för hemlig formel, som vi andra inte hade?

Jag tog kontakt med Scania för att få närmare information om detta. Men trots flera påstötningar, e-mail och telefonsamtal fick jag aldrig tala med den ansvarige chefen. Detta tolkade jag som att endera var förbättringen bara bluff eller också var förändringen man gjort alltför kontroversiell för att man skulle våga gå ut med den offentligt.

Utvecklingen av antal sjukskrivna i hela Sverige följer samma mönster. Riksförsäkringsverket har alla uppgifter lätt tillgängliga på sin hemsida. Eftersom augusti alltid verkar vara den friskaste månaden så kan man inte säga att trendbrottet sker exakt i augusti 1997 men runt oktober-december detta år har det definitivt börjat vända. Den totala bilden alla dessa diagram gav mig var tydlig: Hela Sverige gick mot sämre hälsa från år 1998. Något måste ha orsakat detta och jag skulle ta reda på vad. Även om det kanske var farligt.

Problemanalys – något man inte har tid med

Jag stod alltså inför ett intressant problem. Det finns flera bra böcker som har skrivits om hur man på ett logiskt och ofta effektivt sätt ger sig i kast med problemlösning. De företag, som på ett strukturerat sätt angriper problem när de uppstår, går ofta bra. Dels därför att de har en strukturerad ledning som överhuvudtaget känner till metoden. Och dels som en följd av att de även tillämpar den.

Har Regeringen också hört talas om problemlösning och läst boken "Rationellt Tänkande" av Kepner, Traegö? Man kan undra när man ser sjukutvecklingen. Samma sak gäller Telia och Ericsson. De är så stora organisationer att de borde kunna reagera på utvecklingen och tillsätta resurser för att gå till botten med detta gigantiska problem. Jag hade flaggat för problemet på min arbetsplats i årsrapporten, men någon riktad insats för att analysera orsaken kom aldrig till stånd.

Hur gör man då för att på ett logiskt sätt angripa ett problem så att man förstår det och till sist kan sätta in de rätta åtgärderna? Innan vi går in på detta vill jag ge några exempel på problem och problemlösning som jag har varit inblandad i under mina många år som kvalitetsansvarig inom Ericsson.

1987 blev jag inkopplad på ett allvarligt problem där en mikrokrets visade sig sluta fungera redan efter några timmars drift. Ingen visste varför. Här tvingades vi dock till ett visst mått av logiskt tänkande och till sist lyckades vi konstatera att det kröp omkring negativa laddningar på mikrochipets yta och det ledde så småningom till att parasittransistorer bildades vilka skapade läckströmmar och felaktig funktion. Problemet var stort men lösningen var enkel när man väl kom på den.

Ett annat fall, som kostade företaget kanske 100 MSEK, var när det visade sig att ett kretskort inte hade det elektriska skydd mot överspänningar, som vi trodde. Även här kom vi på problemet rätt snabbt. Det visade sig att en komponent hade blivit vänd åt fel håll på ritningen och alltså monterats felaktigt på ca 70 000 kretskort. Alla korten måste bytas vilket ledde till stora kostnader. Liten tuva…

1996 inleddes jakten på orsaken till ett nytt problem. En kretskortstyp visade sig vara otillförlitlig och orsakade mycket stora reparationskostnader. Nu försökte vi verkligen angripa problemet på ett logiskt sätt. En arbetsgrupp tillsattes och många goda idéer testades. Från teknikhåll kom spekulationer om en ny, hittills okänd felmekanism. Andra började titta närmare på vilka ändringar som gjorts i tillverkningsprocessen. Till slut kom vi fram till att det var en ändring i tillverkningsprocessen, som hade gjort det möjligt för den gamla kända felmekanismen med krypande laddningar att påverka funktionen igen. Det var en lång resa innan detta blev fastslaget och den nya, "fina" processen kunde ändras tillbaka till den gamla säkra. En stor mängd prestige fick sväljas i den vevan kommer jag ihåg.

Återigen var det till sist en enkel och lättbegriplig förklaring till miljonrullningen.

En gång, när jag arbetade som kvalitetschef på komponenttillverkaren Rifa AB, fick vi ett problem med att komponenterna korroderade. Deras aluminiummönster fick svarta fläckar och kretsarna kunde inte användas. Jag minns hur tre doktorer slog sina kloka huvuden ihop och sökte förklaring i det som skedde. Det kanske var något helt nytt problem, som vetenskapen ännu inte hade stiftat bekantskap med. Nya metallkombinationer kan ibland ge oväntade effekter. Men så kom till sist en gymnasieingenjör på den kloka idén att gå ut i produktionen för att se vad som egentligen hände med kiselskivorna. Vid ett ställe noterade han hur skivorna låg i en vattenbehållare. Operatörerna hade gått på lunch. När de kom tillbaka frågade han vad detta var bra för. – Jo, så gör vi alltid. Det är det bästa sättet att skydda skivorna för föroreningar medan vi går på lunch. Det är renvatten vi använder och tipset fick vi från Andreij, experten. En kontroll visade sig att detta renvatten inte alls var särskilt rent. Det som skulle fungera enligt teorin och läroboken kanske inte fungerade lika bra i den bistra verkligheten. Återigen en löjligt enkel miss, som kostade en massa pengar.

Jag återger dessa minnen bara därför att jag anser att även Sjuksverige bör söka enkla förklaringar till sitt problem. Stora problem har ofta enkla förklaringar. Tyvärr finns tendensen att fackmyndigheter inte är intresserade av att hitta enkla förklaringar. Då skulle man kunna åtgärda problemen alltför lätt. Då kanske man inte skulle behöva det där extraanslaget på 512 MSEK som man motiverat så snyggt. Frågan är om det finns så särskilt många som är intresserade av att lösa problem om hela organisationens existens bygger på att problemen finns.

Men hur skulle man då angripa problemen om man inte var bunden av prestige eller en önskan att ha kvar problemen? Jo man får ställa ett antal grundläggande frågor och sedan försöka besvara dessa så noggrant som möjligt.

1. Vad är problemet? Definiera det klart och tydligt. Hur yttrar det sig?

2. När uppstod problemet? Vad är speciellt med denna tidpunkt? Fortsätter problemet att växa med tiden? Hur växer det; avtagande, linjärt eller ökande?

3. Var uppstod problemet? Finns problemet överallt eller endast på vissa platser? Vad är i så fall speciellt med dessa platser?

4. Hur uppstår problemet? Krävs vissa förutsättningar för problemet att uppstå? Vad är speciellt med dessa förutsättningar i så fall?

5. Hur stor är omfattningen av problemet? Berör det alla eller endast en delmängd? Vad är speciellt med delmängden i så fall?

Jag beslöt att för en gångs skull följa denna tågordning och verkligen försöka besvara alla frågor och deras följdfrågor. Det skulle bli mycket intressant.

Frågor och svar

Vad är problemet?

I det här fallet är det så att Sveriges hälsa håller på att svikta.

Fråga: Hur då svikta?

Svar: Vi ser detta genom att antalet sjukskrivna nu är mycket stort. Speciellt är det de långtidssjukskrivna, som vägrar att bli friska och återvända till arbetet. Man har svårt att kurera sig från belastningsskador, ryggbesvär, värk i muskler och leder mm. Depressioner och andra psykiska sjukdomar ökar liksom total utmattning, s.k. utbrändhet som också går under namnet utmattningssyndromet. Vi ser även att allvarliga sjukdomar som prostatacancer som av en händelse tvärt börjar öka i frekvens från 1997.

Fråga: Vad är det egentligen som är speciellt med att vara sjuk?

Svar: Kroppen har skadats på något sätt eller utsatts för inkräktare som virus eller bakterier mm. Det finns mekanismer som automatiskt ska rätta till detta genom läkning eller bekämpning av dessa inkräktare.

Fråga: Har vi alltså blivit sämre på att läka skador och att bekämpa sådana sjukdomsalstrare nuförtiden?

Svar: Ja, det verkar inte bättre

Fråga: Har läget försämrats även när det gäller att bli frisk från odiskutabla skador och besvär som man ådragits sig vid trafikolyckor, arbetsplatsolyckor eller efter en operation t ex.?

Svar: Ja, det är ingen tvekan om att så är fallet. Arbetsmiljöverket redovisar att tillfrisknandetiden efter olyckor på arbetsplatsen sedan 1997 har ökat med 73 % för kvinnor och med 59 % för män. Socialstyrelsen visar i sin rapport om 'Sjukskrivningstider efter hjärtinfarkt eller bröstcancer' att det är stora regionala skillnader i sjukskrivningstid som man inte kan förklara vad det beror på. Någon statistik över hur det förändrats över tiden har man inte lyckats ta fram.

När uppstod problemet?

Vi kan säga att det var i slutet av 1997, som problemet började synas tydligt i statistiken.

Fråga: Vad var det som hände då då?

Svar: Mycket. Även när det gäller området radiostrålning. Under just denna höst började Telia sätta upp 'hot spots' vid mackar, vägkrogar och hotell så att man skulle kunna koppla upp sig mot Internet via sin portabla dator. De kallar sitt system för Home Run. En annan sak, som inträffar under 1997, är att många företag som Ericsson och Telia börjar installera trådlösa telefonnät i sina kontor. Vidare passar Teracom AB på att dra igång sin första digitala TV-sändare i Nacka just i slutet av augusti 1997. Och som grädde på moset blir det fritt fram att installera takmonterade små GSM-sändare överallt i landet utan att vare sig fråga grannar eller myndigheter om lov. Detta sker samtidigt, som försäljningen av

GSM-telefoner just då upplevde en veritabel boom. Antal telefoner och åtföljande samtalsminuter ökar nu kraftigt år från år.

Fråga: På vilket sätt ökar sjukligheten i Sverige? Håller inte problemet på att minska?

Svar: Nej, problemet minskar inte. Tvärtom, de långa sjukfallen, som kostar mest, fortsätter att öka. Om man studerar enskilda län så ser man att flera av dem uppvisar en **ökande** ökningstakt i antal sjukskrivna. Detta betyder alltså att ohälsan accelererar; det är en kurva som böjer svagt uppåt faktiskt. Mycket illavarslande.

Fråga: Du nämnde tidigare att även prostatacancer ökar från 1997. Är det mycket den ökar?

Svar: Ja, tillräckligt för att ansvarsfulla myndigheter borde ha reagerat.

Var uppstod problemet?

Hela Sverige är sjukt, men det finns regionala skillnader.

Fråga: Startade ökningen verkligen samtidigt i hela landet? Det är ju otroligt!

Svar: Ja, nästan samtidigt. En detaljerad analys av sjukskrivningstalen för varje län visar att Blekinge och Kronoberg var först ut i oktober 1997. Gotland och norrlandslänen bröt sist, i januari 1998. Så en viss spridning finns när det gäller starten.

Fråga: Har man samma problem i Danmark och Norge t ex?

Svar: Ja, även där ser vi en mycket tydlig ökning av kostnaderna för ohälsa.

Hur stor är omfattningen av problemet?

Antalet personer, som är sjukskrivna, har ökat från 125,000 till över 330,000 sedan 1997 vilket är en ökning med 165% på 5år eller 33% per år.

Fråga: Du sade tidigare att det fanns regionala skillnader. Har det ökat mest i de län som startade tidigast, d.v.s. Blekinge och Kronoberg?

Svar: Nix. Tvärtom är det så att Blekinge och Kronoberg har haft den lägsta ökningen, där har bara 1,7 % av befolkningen lagt sig i sjuksängen tillsammans med de som var sjuka tidigare. De län som har ökat mest är de län som startade att öka senast, d.v.s. norrlandslänen. Där har upp mot 3 % av befolkningen ytterligare blivit sjuka sedan 1998.

Fråga: Så minst 1,7 % och upp mot 3 % fler personer är sjuka nu jämfört med 1997 i olika län?

Svar: Stämmer.

Fråga: Ser man skillnader inom länen när det gäller sjuktalen?

Svar: Visst. I Stockholms län t ex är man mycket friskare i Danderyd än i Norrtälje kommun. Det finns stora interkommunala skillnader i varje län.

Fråga: Finns det något som faktiskt skiljer mellan "sjuka" län och de som inte har blivit lika sjuka? Kom inte med något svammel nu.

Svar: Det finns flera olika detaljer, som skiljer men det gemensamma med "sjuklänen" är att de är glesbygdslän.

Fråga: Intressant. Är det lika illa på kommunal nivå?

Svar: Exakt. Där är de värst drabbade kommunerna stora och glesare befolkade än de friskare. Jag nämnde Danderyd och Norrtälje som exempel tidigare.

Fråga: Jag trodde att det var hälsosammare att bo i glesbygd, vara ute på landet och andas frisk luft.. Finns det någon ny faktor som har kommit in som gör att frisk luft är ohälsosamt?

Svar: Det är helt riktigt att det förr var hälsosammare att bo i glesbygd. År 1981 var det storstadsregionerna som uppvisade de största sjuktalen medan det nu sedan 1997 är precis tvärtom, de har blivit de friskaste regionerna och glesbygden har blivit sjukast.

Fråga: Detta är ju inte klokt. Har det kommit in något som gjort frisk luft ohälsosam att andas?

Svar: Nej, men en sak som skiljer glesbygd från tätbygd är att tätorten har mycket bättre täckning för mobiltelefoni än vad glesbygden har.

Fråga: Jaha, och…?

Svar: Om man har bra täckning behöver inte telefonen stråla så mycket. Enligt Telia kan det räcka med 0,001W i Danderyd medan man i glesbygd kanske blåser ut 2W, dvs. 2000 gånger starkare radiostrålning.

Kan man se en koppling mellan ohälsa och täckningsgrad?

Det finns starka kopplingar mellan mobilsystemets täckningsgrad och olika mått på ohälsan.

Fråga: Kan man få se ett exempel?

Svar: Figur 4 visar t ex de olika länens ökning av sjuktalet mellan 1997 och 2001 som funktion av täckningen. Samma diagram visar att detta samband inte fanns om man jämför förändringen mellan 1981 och 1991.

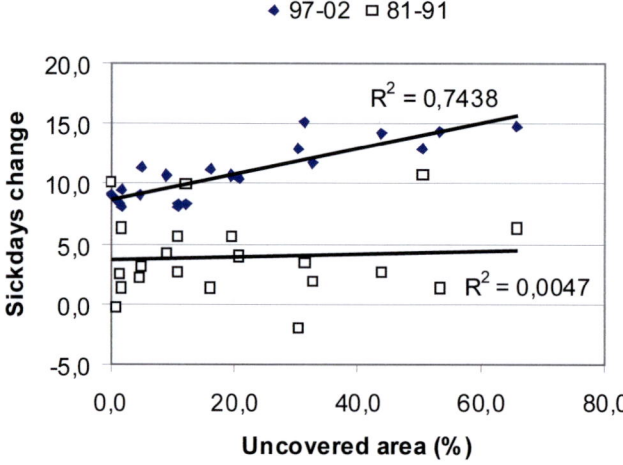

Figur 4 Sjukdagarna ökade signifikant mest i de län där man hade den sämsta mobiltäckningen.

Fråga: Men man hade väl mobiltelefoner även på 80-talet? NMT har ju funnits sedan 1981.

Svar: Rätt, men NMT hade ingen automatisk reglering av uteffekten. Telefonerna strålade lika starkt överallt, i glesbygd som i tätort.

Fråga: Men om man gör illa sig på jobbet och bevisligen är skadad och måste vara hemma. Kan du se någon skillnad i tillfrisknandetid på samma sätt som i Figur 4?

Svar: Visst, inga problem. Sjukfrånvaron p.g.a. både arbetsrelaterade sjukdomar och arbetsskador verkar också påverkas av täckningsgraden.

Fråga: Du sade tidigare att tillfrisknandet efter operationer tog olika lång tid i olika län. Är de samma sak här också?

Svar: Ja faktiskt. Även om det inte är lika tydligt som för arbetsskador så är sambandet tydligt. Även om man är hemma efter en operation är det troligt att man talar i mobiltelefon då och då. Och då får glesbygdsborna skylla sig själva.

Fråga: Nej, nu går jag hem. Du vill inte köpa en mobiltelefon? Billigt?

Sjukfusket förklarar allt...

Att norrlänningarna och folk i glesbygd i allmänhet har sämre arbetsmoral verkar vara en populär uppfattning bland storstadspolitikerna. Den blev mer legitim från den 1:a november 2002 då Alf Svensson tog bladet från munnen och i SvD sade: "Det finns en lång rad orsaker – inklusive missbruk av systemet – till inflationen i långtidssjukskrivningar och förtidspensioneringar". Hela artikeln var bra skriven, men de, som bara ögnade igenom den, kunde notera att av den långa raden orsaker så nämner han bara missbruk av systemet.

Så inriktningen av regeringens arbete för att minska de skenande Ohälsokostnaderna blev att försöka påverka sjukskrivningarna med förlängt arbetsgivaransvar och andra regeländringar mm. Trepartsförhandlingarna under Kenneth Pettersson bröt samman och gav inget konkret resultat. Hela frågekomplexet verkade för stort för att Hans Karlsson skulle mäkta med det. Gjordes det egentligen något försök alls att ta reda på orsaken till den uppkomna situationen?

Jag skrev ett brev till Näringsdepartementet den 29 april 2003 och föreslog att man skulle utreda orsakerna till den sviktande folkhälsan. Morgan Johansson svarade den 3 juli 2003 med att vi behöver uppmuntra folk till mer motion, fysisk aktivitet och sunda kostvanor. En god hälsa får som resultat att människor klarar av att hantera stress bättre. Däremot finns inget som säger att mobiltelefoner på något sätt kan vara skadliga. "Detta gäller även när mobiltelefonerna sänder med den högsta tillåtna styrkan".

Inget uppdrag hade således lagts för att konkret utreda orsaken till Ohälsoutvecklingen. Vi skulle däremot med motion och fiberrik kost lära oss att motstå de ökande stressnivåer, som elektromagnetisk strålning bevisligen leder till.

Men åter till fuskandet. Det har hävdats att orsaken till de ökande sjukskrivningstalen hänger samman med att Sverige från januari 1998 återinförde en högre sjukersättning. Vi fick då 80 % mot tidigare 75 % i sjuklön. Men vi hade haft 80 % även före 1996 och under denna period hade vi haft en sjunkande sjukskrivning, som fortsatte utan någon tvär ytterligare sänkning från 1996. Och om en höjning av ersättningen skulle resultera i en ökad sjukskrivning så borde det väl plana ut efter en tid? Vi har ju inte ett system där ersättningen höjs månad för månad.

Tänk om man fick behålla sin lön och utöver denna fick sjukersättning om man blev sjuk? Hur stor skulle ökningen av antalet sjukskrivna då bli? Det här borde väl vara ett intressant experiment att göra om man ville kvantifiera sjukfuskandet som funktion av ersättningen. Jag föreslog detta vid frukostbordet för min fru, som är speciallärare. – Det har vi lärare haft i flera år, sade hon. Om en lärare blir riktigt sjuk under sommarferierna så ersätts man med pengar så att man senare kan ta ut obetald ledighet om man så vill. I det fall en lärare skulle vilja utnyttja systemet så skulle det alltså vara möjligt att få sin lön höjd med 80 % under sommaruppehållet. Min fru trodde att problemet nog var det motsatta; vid sjukdom under ferierna så var det säkert många som inte brydde sig om att anmäla detta. Vid tillfälle skulle jag försöka ta del av månadsstatistik över lärarnas sjukskrivningar.

Publicera resultaten?

Alla dessa diagram, som visar kopplingen mellan täckningsgrad och ohälsa, det borde väl vara en enkel sak att få en artikel om detta publicerad? Vi satte ihop en artikel som fick titeln "Mobile handset output power and health". Först gick manuset till Nature. Men artikeln var för specialiserad för att passa i tidskriften. "However, after careful consideration we do not feel that your findings will have a sufficiently immediate impact on a broader readership to justify publication in Nature."

Nästa försök var Science, också en mycket bred tidskrift. Svaret kom efter bara någon vecka: "Although we enjoyed reading your manuscript, we feel the work does not have the general conceptual novelty and broad appeal that would warrant publication in Science."

American Journal of Epidemiology då? De kanske var intresserade av mobiltelefoner och hälsa? Svaret blev dock lika kallsinnigt: "The topic of your paper has potentially important public health implications. However, the report appears to be based on rather descriptive data that does not permit very convincing etiologic inferences."

Vi tyckte dock att det vore synd om dessa samband inte skulle få publiceras på något sätt. Vi hade redan gjort en enklare svensk variant där vi fokuserade på ett metodiskt arbete med problemanalys för att i detta fall ringa in orsaken till den allt sämre folkhälsan. Denna skrift skulle kunna passa in som uppföljare till den artikel vi tidigare skrev i tidskriften Medikament om "Cancerdödlighet och långtidssjukskrivning". Vi skickade in artikeln till Medikament och förstod att den kunde komma i fråga i ett framtida specialnummer om radiostrålning. Men när detta nummer skulle komma var oklart.

Inget hindrade oss dock från att fortsätta försöken med att publicera den engelska artikeln någonstans. Nästa försök gjordes med att kontakta IJOEH, International Journal on Occupational and Environmental Health. Först lät det mycket positivt, men sedan jag nämnt att vi planerade en svensk version så avtog intresset. "My reviewers suggest that you publish the paper in Swedish in Medicament as planned. The English version may have to await the next step in the analysis of your data. We are not prepared to publish the paper as it stands." I praktiken var det ett blankt avslag.

Var artikeln för dålig eller var den alltför kontroversiell? Vi fick fundera på en fortsättning.

COST 281

I november 2003 planerades en "workshop" att hållas i Budapest under temat "Mobile telecommunication and the brain". Det skulle inte handla om hur man med telepati skulle kunna utveckla en helt ofarlig mobil telekommunikation. I stället avser mötet sannolikt att visa att mobiltelefoner är helt ofarliga. COST 281 är en internationellt sammansatt expertgrupp med stöd från industrin. Därmed är alltså målet klart.

Vi beslöt att skicka in vår artikel och erbjuda oss att presentera denna vid arbetsmötet. Personen som tog emot artikeln svarade efter en del tekniska problem: "Hello, I replaced the file with your updated paper. It is very interesting. Thank you very much. The format is OK (I think you mean file format).
The workshop committee has to decide now which abstracts/ papers will be accepted. We will keep you informed about their decision. Best regards, Anette Kellendonk"

Vi föreslår en kontrollerad studie

Eftersom det var klart att glesbygdens folk hade sämre hälsa än tätortens och att vi kopplade detta till mobiltelefonernas högre utstrålade effekt borde det vara enkelt att konstruera ett experiment för att verifiera om detta var fallet.

Jag skissade på en studie där vi skulle låta 2000 personer få dela på 2000 mobiltelefoner med ett helt års betald, obegränsad samtalstid.

Kruxet skulle vara att 1000 av dessa telefoner skulle vara helt normala medan de andra 1000 telefonerna skulle ha en fast uteffekt med maximal styrka. Vi har ju fått skriftligt intyg från Morgan Johansson om att den maximala uteffekten är helt ofarlig.

Sony-Ericsson borde bjuda på telefonerna och Telia-Sonera borde stå för samtalstiden. SSI skulle som ansvarig expertmyndighet yttra sig om försöksupplägget och ange vilken maximal effekt vi kunde låsa telefonerna vid. Kundtjänst hos Sony-Ericsson hade redan vid ett telefonsamtal förklarat att en sådan låsning inte skulle vara något större tekniskt problem att realisera.

Så den 12 juni 2003 skickades samma brev till dessa två företag och den ansvariga myndigheten där vi begärde snabbt svar. Först den 22 augusti hör vi av SSI där man vill ordna ett möte med oss. Eftersom SSI's uppgift var tämligen enkel, att kommentera upplägget och att ange en uteffekt, så tyckte vi att det vore bättre med ett gemensamt möte med alla fyra parter. Så därför fick vi börja jaga svar från Sony-Ericsson och Telia-Sonera.

Breven som kom bort

Varken Telia-Sonera eller Sony-Ericsson har någon registrator som håller ordning på inkomna brev och handlingar. Det är något som våra myndigheter är mycket bra på och som underlättar arbetet för undersåtarnas liv. Men för företag verkar det vara en ren soppa. Det påminner mig om ett tidigare tillfälle när jag hade skickat ett brev till Teracom AB med förfrågan om när olika radio- och TV-system sattes i drift. Jag hade bifogat ett diagram över cancerdödlighetens ryck vissa år och var intresserad om det var just dessa år som sändarna sattes i drift.

Det var ett motsvarande brev som SSI snabbt besvarade med att sådana ryck inte fanns. Punkt.

Nåväl, när jag ringde Teracom AB och efterlyste brevet kom svaret med Gnällköpingsdialekt: – Har du hört med Sören? – Sören? Frågade jag tillbaka. – Ja, han som går med posten, fråga honom, han kanske vet vart brevet är. Jag ringde upp Sören och fick veta att det hade han ingen aning om. Brevet var borta eller också fanns det någonstans. Jaha, vad gör man? Jag fick namnet på deras miljöchef, Anders Nilsson, och beslöt mig för att skicka en kopia till honom. Som rekommenderat brev. Då kom snabbt ett svar att han tagit emot brevet och en vecka senare kom meddelandet att även originalet hade letat sig till honom. Anders svarade snällt och sakligt på frågan om vilka år olika sändare togs i drift. Som av en ren slump råkade det vara just de år som knyckarna i cancerdödligheten låg. Detta blev senare underlag till den första artikeln i Medikament.

Nu var det alltså frågan om vart breven till Telia-Sonera och Sony-Ericsson hade tagit vägen. Som tur var så hade jag en kopia. Kopian lade jag up på en webbsida så att man lätt kunde skicka en länk. Ett antal telefonsamtal gjordes till båda företagen men inget napp. Breven hade försvunnit upp i rök. Tack vare kopian så kunde vi få kontakt med min gamla kollega Mats Pellbäck-Scharp, som nu var miljödirektör. Det var han som fick ta sig an den besvärliga frågan om att medverka i detta kontrollerade experiment. Bra, Mats är en effektiv och duktig tjänsteman, något sorts svar kommer vi att få, tänkte jag.

Inom Telia-Sonera var det inte bättre. Många samtal med postbud och godsmottagning hos Telia Mobile i Nacka Strand ledde ingenstans. Återigen fick jag stoppa en kopia i halsen på företaget och fråga efter handläggaren. I detta fall hade kopian skickats till Marie Ehrling, Sverigechef för Telia-Sonera. Jag ringde hennes sekreterare och fick beskedet att brevet hade skickats till Anna-Lena Widén, miljöchef på Telia-Sonera Sverige. Nu tyckte jag att vi skulle kunna ordna ett möte med alla inblandade och skickade därför en inbjudan till ett sådant möte. Mats svarade snabbt att han inte såg att Sony-Ericsson kunde bidra med något vid ett sådant möte utan föreslog att vi skulle kontakta mobiltillverkarnas internationella organisation, MMF.

Från Anna-Lena Widén kom följande svar: "Dessvärre har jag ej fått något brev och kan därför inte ta ställning till detta. Hälsningar Anna-Lena". Nej, detta brev verkar vara skrivet med osynligt bläck. Återigen skickade jag en ny kopia till Marie Ehrlings sekreterare med begäran om att det skulle tillställas utsedd handläggare.

Varför är just dessa brev så svåra att distribuera? Fastnar de hos intresserade chefer på vägen till handläggaren eller vad beror det på? Måste man som rutin begära mottagningsbevis eller kanske kosta på rekommenderade brev varje gång man skriver om mobiltelefoni till berörda företag?

Att rösta nej verkar också vara sjukt

Så var valet över för denna gång. Anna Linds tragiska frånfälle hade inte genererat tillräckligt många sympatiröster för att det skulle bli ett ja. Så där hade man misstagit sig om detta var huvudmotivet. Tidningen Metro publicerade dagen efter röstningsresultatet i Stockholms kommuner. Jag ögnade igenom siffrorna och noterade att Danderyd hade den lägsta andelen nej-röster medan Norrtälje hade den högsta. Hm…, var hade jag sett detta förut? Jo, det var ju så att Danderyd hade det lägsta ohälsotalet och Norrtälje det högsta bland kommunerna i Stockholms län. Kanske var det helt onödigt att göra hela detta val?

Jag slog mig genast ner bakom datorn för att se hur detta förhöll sig. Fanns det något samband mellan ohälsa och nej-sägande? Sammanfattningsvis så verkar det vara glasklart: Nejsägare är pessimistiska till sitt sinnelag. Detta påverkar psyket och den allmänna inställningen till livet och därmed påverkas humöret. Ett gott humör är bra för immunförsvaret, om man skrattar förlängs dessutom livet. De har den hälsa de förtjänar, surputtarna där.

Eller finns det mer konkreta förklaringar? Psykskrået kanske inte ska jubla över resultatet än på ett tag.

Nejsägare har dålig täckning

Nu är det så att vi tidigare noterat att ohälsan verkar vara kopplad till täckningsgraden från mobilsystemet. Kanske det är så att man får dåligt humör av dålig täckning och därför röstar nej? Jag beslöt mig för att testa denna hypotes på samma sätt som nyss.

Slutsatsen av detta blev, att om befolkningen har dålig täckning från mobilsystemet så blir man sur, får dåligt immunförsvar och röstar nej. Så enkelt är det.

Eller???

Kan det vara så att hälsan har med mobilstrålningen att göra vilken påverkas av om man bor i glesbygd eller tätort, medan nejröstandet är kopplat till om man bor i glesbygd eller tätort? Den gemensamma faktorn är således graden av glesbygd. Finns det något sorts glesbyggdsmått i Sverige? Ett sådant mått verkar kunna vara mycket användbart.

Via Glesbygdsverkets hemsida fick jag fram en karta över Sverige där Kommunförbundet hade färgat landet i blått, gult och rött för att markera glesbygd, landsbygd och resterande mer tättbebyggda ytor. Genom att ge färgerna olika poäng, 1, 2 och 3 så fick jag fram ett genomsnittstal över varje läns yta som då varierade mellan lägst 1 och högst 3. På så sätt kan man få ett diagram, som helt neutralt redovisar hur det förhåller sig med sjukläget i landet. Och det visade sig att låg glesbygdspoäng också gav hög sjukpoäng.

Detta får bli avslutningen på kapitel 4. Nu närmar vi oss upplösningen ...

Fast inte kan väl myndigheterna ha fel?

*"Men jag anser att strålningen från radiosändare är
betydligt ofarligare än att borsta tänderna..."*

D en seriösa forskningen har på 50 år inte funnit något
samband mellan radiostrålning och ohälsa, enligt
Eriksson på Ericsson. Att ohälsan i Sverige är ojämnt
fördelad och uppvisar konstiga trendbrott ibland
avfärdas som nipprigt kuriosa av experter och SSI.

Tänk om de har rätt? Då har allt detta jobb varit förgäves och jag
har bara irriterat myndigheter, som har viktigare saker att göra. Om
man skulle se på det hela igen och försöka göra det ur ett annat
perspektiv? Det vore kanske bara nyttigt. I detta kapitel ikläder jag
mig olika roller och kritiserar sönder sådant, som jag tidigare har
redovisat.

Epidemiologie professorn

- Ha, du säger att folk börjar dö väldigt mycket 1955 och framåt!
  Detta är trams, det är en helt naturlig följd av att befolkningen
  blir äldre och att det dessutom fler finns i de äldre
  åldersklasserna. För det första, antalet döda per år är helt
  ointressant. Du bör titta på dödligheten. Då ser du att
  trendbrottet, som du tror du har hittat, genast blir mycket

mindre. Och sedan måste du ta hänsyn till att åldersstrukturen förändras som jag sade. Vi använder alltid oss av metoden att åldersstandardisera dödligheten. Annars kan man inte jämföra dödlighet eller incidens över tid överhuvudtaget.

- Som du ser så var detta bara en synvilla. Naturligtvis kan en amatör bli skrämd av en kurva över antalet döda som pekar mot skyn, men verkligheten är istället att vi aldrig haft en så låg dödlighet som nu. Och inget tyder på den minsta förändring i denna trend av ständigt sjunkande dödlighet! Det finns ingen som helst anledning till oro. Egentligen bör du undvika att rota i detta för det skrämmer bara upp folk, som inte har tillräcklig vetenskaplig bakgrund och kunskap för att förstå att dödligheten i själva verket är på väg neråt och inte uppåt som de tycker sig se.

Jaha, då är det väl så då, tänker jag. Man kanske kan bli åtalad om man skrämmer upp folk. Vem vet, den psykiska stabiliteten i landet verkar vara nog skakig som den är. Det kanske bara leder till fler galningar som slår vilt omkring sig och sticker ihjäl folk. Jag kanske får fängelse…

Men hur blir det med kurvan om vi i stället åldersstandardiserar mot 1900 års befolkningspyramid? Jo då ser man ett tydligt trendbrott år 1955. Hmmm (Figur 5).

1900 års befolkning

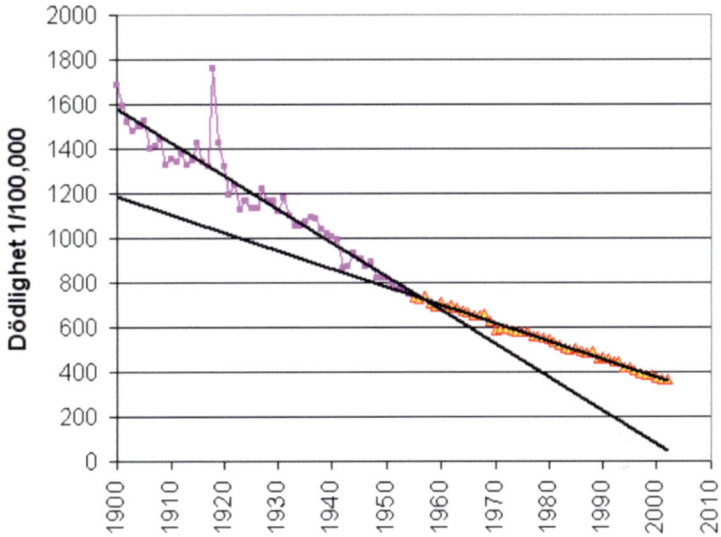

Figur 5 Dödligheten i Sverige får ett tydligt trendbrott år 1955 när man standardiserar mot 1900 års befolkning.

När jag skickade in detta diagram till Socialstyrelsen och bad om kommentar så fick jag som svar från Måns Rosén följande:

"Frågan huruvida utvecklingen av dödligheten för personer i åldrarna 15-34 år hade ett trendbrott 1955 kan diskuteras, men Socialstyrelsen har ingen möjlighet att med nuvarande resurser prioritera denna historiska fråga."

Generaldirektören

- Forskningen har inte kunnat påvisa några samband mellan olika typer av besvär och olika elektromagnetiska fält. Alla forskare, som har kommit med sådana påståenden, är oseriösa forskare och resultaten av deras experiment har inte kunnat bekräftas av andra. Vi har själva, tillsammans med de främsta experterna på elektromagnetiska fält och hälsa, redovisat detta i en rapport år 2001. Dessa experter arbetar inom mobilindustrin själva så de vet verkligen vad de talar om.

- När det gäller påstådda samband mellan FM-radio och hudcancer så hade man förmodligen fått samma kurvor om man hade jämfört med biltrafiken.

- Vår uppgift är att göra en god avvägning mellan risk och nytta med strålning. Det som är nyttigt för mobilföretagen är nyttigt för oss. Det ger oss arbete och inkomster. Som jag sade nyss så finns inga vetenskapliga belägg för några risker så vi koncentrerar oss på att maximera nyttan. Vår främsta uppgift just nu är att ta fram lugnande broschyrer till Svenska folket. Det är oron som är problemet, inte strålningen.

Överraskande resultat från holländsk 3G-studie

- Ja visst var det överraskande. Först blev vi överraskade av att någon hade vågat göra denna typ av studie. Sedan visar det sig att **både** elallergikerna, som ju är notoriska kverulanter, och vanliga tåliga människor klagade över 3G-strålningen. Och därefter visar det sig att ingen av grupperna kunde särskilja strålning från GSM-systemet. Och det var ju en överraskning, för vi har hela tiden hävdat att det inte finns några samband mellan mobilstrålning och fysiska besvär, så länge inte hjärnan koagulerar vill säga. Och sådana här skumma experiment brukar ju få fram precis vad experimentgruppen vill ha fram. Fast egentligen var avsikten med försöket att visa att det inte fanns någon koppling mellan strålning och obehag. Och det lyckades man ju visa med GSM-delen. Som sagt. Så det var överraskande.

- Men vår hållning är att vi måste se till nyttan av denna teknik. Hur skulle det se ut om vi officiellt gick ut med påståendet att svag radiostrålning kan vara skadlig för hälsan? Det har ju investerats över 10 000 miljarder kronor i nya mobilsystem bara i Europa och det kan vi bara inte skrota. Nej, naturligtvis får vi stå fast vid vad den seriösa vetenskapen har funnit angående strålning och hälsa – nämligen ingenting. Att påstå att det finns ett samband mellan mobiler och ohälsans utveckling i Sverige är trams. Och om så skulle vara så är ohälsans årliga kostnadsökning på 10 miljarder en droppe i havet jämfört med vad som har investerats i mobilsystem här i Europa. Det räcker till många års kostnadsökningar för ohälsan i Sverige det. Den kostnadsökningen får vi allt lov att stå ut med i så fall.

Experten

- Nipprigt, nipprigt det är vad jag vill säga. Alla som har tragglat sig igenom Halléns ellära kan räkna ut att svaga elektromagnetiska fält från mobiler och master inte kan värma upp kroppen någonting alls. Och eftersom vi inte ens får hudcancer av att bada bastu så är det löjligt att tro att man skulle få det av en temperaturhöjning på 0,1 °C från en mobil eller. 0,0001 °C från en mast. Jag anser att strålningen från radiosändare är betydligt ofarligare än att borsta tänderna, sade experten och spottade ut snuset i en snygg båge från tandgluggen.

- Det värsta jag vet är oseriösa amatörforskare, som ger sig ut för att veta allt utan att ens känna till det mest elementära. Ta hudcancer t.ex. eftersom ni verkar ha fastnat för det. All världens forskning har enhälligt visat att det är det överdrivna solandet, som ligger bakom ökande incidens och dödlighet i denna sjukdom. Om det skulle vara något annat så hade man redan upptäckt detta och det hade varit allmänt känt. Men så är inte fallet. Ni är helt ute och cyklar.

Ministern

- Vad gäller icke-joniserande strålning från basstationer och mobiltelefoner är uppfattningen bland flertalet forskare att de internationellt rekommenderade skyddsnivåerna är tillräckliga. ICNIRP är en sammanslutning av mycket kompetenta forskare, företrädesvis från mobilindustrin, som har satt upp gränser som inte ska kunna utgöra någon begränsning för dagens teknik.

- Vi kan inte heller ha någon form av ministerstyre här i landet.

- Och sedan är det så att vi har bestämt oss för att bli den ledande nationen när det gäller IT. Det innebär att vi måste ta lite risker om vi ska ligga på teknikens framkant. Om det nu är så att vi har fått ca 500000 elallergiker så är det ju ändå bara drygt 5 % av befolkningen. Att hela 95 % av befolkningen känner sig frisk och inte har besvär av strålning är egentligen ett strålande resultat och ett gott betyg på vårt arbete.

- Det här ständiga tjatet om riskerna med strålning får inte överdrivas, oskyldiga människor kan bli oroade och det är en onödig extra påfrestning i dessa tider då så många människor i alla fall lider av stress, psykiska besvär, minnesstörningar, koncentrationssvårigheter, tinnitus, ljuskänslighet, depression och självmordstankar. Nej, vi får hoppas på läkarvetenskapens framsteg. Värktabletterna t ex, de har ju verkligen utvecklats och är intelligenta och smarta. Man tar tabletter för säkerhets skull och sedan när någon värk eller smärta hugger till så finns den där direkt till hands. Det kallar jag utveckling!

Det drar ihop sig

"Om ni har fått fram forskningsresultat som indikerar hälsoeffekter av mobiltelefoni bör Ni vända er till ovan nämnda myndigheter"

F olkhälsominister Morgan Johansson rekommenderade oss i november 2003 att kontakta SSI, FAS och Socialstyrelsen och delge dessa våra resultat. Eftersom våra resultat då inte var publicerade utan bara inskickade för bedömning frågade jag Gert Anger på SSI om de ville ha förhandsinformation. Men det tyckte han inte alls var någon bra idé utan såg helst att våra resultat skulle komma den vanliga vägen via en medicinsk tidskrift.

För att inte bromsa utvecklingen så skickade jag ett brev med ett diagram till dessa myndigheter för information. Diagrammet visade beräknad genomsnittlig pulseffekt från mobiltelefoner i olika län. (Fig. 6).

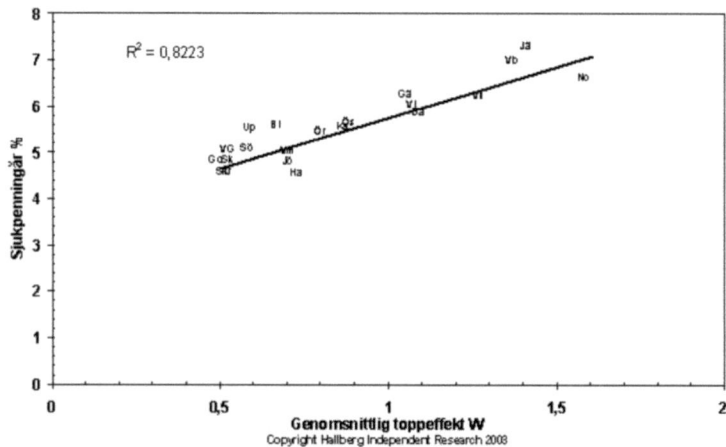

Figur 6 Sjukpenningår (%)som funktion av genomsnittlig toppeffekt per län

Detta måste verifieras

Eftersom kopplingen mellan ohälsa och uteffekt från mobiltelefoner verkar vara så stark så måste vi kunna verifiera detta med någon sorts vetenskaplig studie. Det fanns flera olika tänkbara sätt för detta. Vi försöker först med en kontrollerad studie tänkte jag.

Konstant effekt Om vi delar ut 2000 mobiltelefoner med gratis abonnemang under ett år så får vi säkert ett bra utnyttjande av telefonerna. Av dessa skulle 1000 vara vanliga telefoner som kommunicerar på sin normala låga effekt här i Stockholm. De andra skulle ha en konstant hög effekt, som naturligtvis skulle vara godkänd av SSI. Och sedan följer vi upp utvecklingen under ett års tid och ser vilken grupp som blir sjukast. Enkelt va?

Naturligtvis gick inte detta att genomföra. Ericsson ville inte stötta projektet av principiella skäl medan Telia AB svarade att den höga uteffekten kunde vara skadlig för mobilsystemets funktion.

Hälsoläget Eftersom mobiloperatörerna har olika god täckning uppe i Norrland så kan det hända att Telias abonnenter är friskare än Comviqs t ex. Vi bad därför att Telia, Vodafone och Comviq skulle skicka oss personnummer på 10000 abonnenter vardera i norrlandslänen så att Riksförsäkringsverket skulle kunna jämföra hälsoläget hos dessa grupper.

Tyvärr gick inte heller detta att genomföra. Comviq svarade att man av sekretesskäl inte kunde lämna ut personnummer till Riksförsäkringsverket. Vodafone svarade bara helt kort att man inte avsåg att delta i studien. Telia svarade inte alls.

Medeleffekten Eftersom Telia och Ericsson tillsammans hade publicerat en rapport, som visade att man kunde mäta den genomsnittliga uteffekten från mobiltelefonerna i olika dalar av landet, så vore det mycket intressant att få en sådan mätning gjord för varje län. Ett nytt brev gick iväg. Men inget svar kom.

GSM 1800 Jag noterade att Telia startade att montera upp sändare för GSM 1800 MHz under 1997, samma år som Stora Sjukan slog till. Ett brev gick därför till Telia där vi bad om uppgift om när GSM 1800 drogs igång för varje län för sig. Inget svar... Efter en påringning fick jag klart för mig att Telia hade vidarebefordrat denna rent logistiska fråga till deras expert på hälsa och radiostrålning! Den 29 februari 2008 fick jag svaret från Lars-Erik Larsson, att dessa uppgifter inte kommer att lämnas ut.

I en rapport från PTS står följande i årsrapporten för 1997: *Det nya frekvensbandet, 1800 MHz, togs i drift av Telia i slutet av året. De övriga operatörerna har byggt upp detta nät och förväntas ta det i drift vid halvårsskiftet 1998.*

Hur kan det komma sig att Telia skickar en fråga, som handlar om starttidpunkter för nät som nu finns i full drift till en hälsoexpert, som dessutom hemligstämplade uppgifterna? Frågetecknen hopar sig...

Lungcancer – hur lättlurade är tobaksbolagen egentligen?

Kommer du ihåg de svartvita filmerna från 30- och 40-talen? Där alla gick omkring och rökte och puffade och såg ut att bara må bra av det? Det var fint att röka och även unga kvinnor började ta upp vanan i sällskapslivet.

Hur var det med rökandet egentligen? Jo på 20-talet var vi som värst när det gällde tobakskonsumtion. Hela 2,3 kg tobak per vuxen person gick det åt mellan 1916-1920. Antalet som insjuknade i lungcancer var dock mycket blygsamt på den tiden. 1911 anmäldes 6 fall och 1912 noterades 11 fall. År 2001 konsumerade vi 784 g tobak per vuxen och hade 3144 dödsfall i lungcancer. Vad säger reguladetrin? Om 2,3 kg ger 11 lungcancerfall hur många bör det då bli med bara 0,78 kg? Jo, 3144 st. eller ...?

Någonting händer på 50-talet. Figur 7 visar en uppskattning av antalet nybörjarrökare för varje år i Sverige sedan 1911. Antalet personer som dör i lungcancer är också inritat. Från att ha haft en långsam tillväxt fram till och med 1954 övergår dödstalen till en explosion i lungcancer från och med 1955.

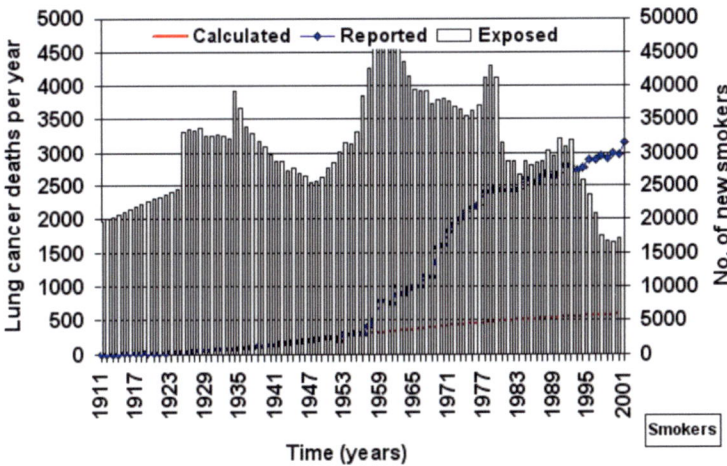

Figur 7. Antal nybörjarrökare per år och antal döda i lungcancer per år verkar inte stämma helt överens.

Hur kommer det sig att tobaksindustrin utan vidare går med på att betala 150 miljarder US$ i skadestånd när det är möjligt att kanske 80 % av lungcancern aldrig hade utvecklats utan den vitamininjektion som radiostrålningen medförde? Vore det någon rättvisa så borde väl radio- och tele-industrin stå för 80 % av den notan i så fall?

Cigarettkonsumtionen då?

Det finns uppgifter om hur stor cigarettkonsumtionen har varit i landet sedan 1916. Om man gör ett diagram över denna konsumtion och lägger in antalet döda i lungcancer (kod 162) får man även där en bild där antalet döda ökar starkt från 1955 och framåt.

Nej, antalet döda i lungcancer bara ökar och ökar. Om man utgår från dessa data och gör en modell med bästa anpassning till data fram till 1954 får man en beräknad mängd döda år 2001 på 1686. Detta är bara hälften av vad som i verkligheten har inrapporterats (3144) år 2001. Enligt denna modell borde vi nu kunna förvänta oss en avplaning och så småningom kanske en sänkning i antalet dödsfall. De senaste årens utveckling pekar snarare på en fortsatt ökning.

Om man tittar närmare på våra pensionärers lungcancerincidens så ser vi att denna märkligt nog har ökat rätt kraftigt de senaste åren. Sedan 1997 har lungcancerincidensen för kvinnor från 65 år ökat med hela 20 %. För männen har den ökat främst för de som är äldre än 80 år från 1997.

Mobilen verkar gå folk på nerverna

"De tolkar data lite hur de vill…"

D et går inte att komma ifrån att antalet människor som dör i Alzheimers sjukdom bara blir fler och fler för varje år. Och dödligheten ökar bland yngre personer också. Men ingen bryr sig …

Inledning   Mätningar utförda av Telia AB och Ericsson Research, [1], har visat att genomsnittlig uteffekten från mobiltelefoner varierar mellan olika delar av landet på grund av varierande täckningsgrad. Denna täckningsgrad finns väl beskriven på mobiloperatörernas hemsidor varför vi med dessa grunddata har beräknat den genomsnittliga pulseffekten från mobiltelefoner i samtliga län. Flera vetenskapliga rapporter pekar på en ökad risk för ohälsa, t. ex. cancer i hörselnerven vid långvarigt bruk av mobiltelefoner, [2-4]. Därför kunde det vara av intresse att studera om län med högre genomsnittlig uteffekt även uppvisar en högre dödlighet i nervsjukdomar generellt.

Antalet döda i nervsjukdomar börjar öka tvärt från 1997 och framåt. Cirkulationsorganens sjukdomar har däremot ända sedan 1980-talet uppvisat ett minskande antal dödsfall utan några påtagliga trendbrott.

En närmare analys av vilka nervsjukdomar, som orsakar denna ökning, visar att det endast är dödsfallen i Alzheimers sjukdom som ökar drastiskt, samtidigt som det ackumulerade antalet samtalsminuter med GSM ökar. Om man närmare studerar förändringen i dödlighet mellan åren 1997 och 2001 i relation till mobiltelefonernas genomsnittliga pulseffekt i respektive län, ser man att dödligheten i nervsjukdomar ökar med uteffekten. Dessa förändringar korrelerar dessutom signifikant med uteffekten.

Eftersom den huvudsakliga förändringen inom nervsjukdomarna skett för Alzheimers sjukdom är det av speciellt intresse att notera att glesbygden drabbas värst även när det gäller den sjukdomens dödlighet. Och antalet döda per åldersgrupp ökar för varje år och går allt lägre ner i åldrarna.

Diskussion

Av ovanstående framgår att man helst inte bör tala i mobiltelefon om man har drabbats av Alzheimers sjukdom. Det material vi har redovisat här kan inte användas för att hävda att mobiltelefoner orsakar Alzheimer, men däremot ger det en tydlig varningssignal om ökade risker att avlida i sjukdomen om man har denna sjukdom och dessutom talar mycket i mobiltelefon med hög uteffekt. Data visar mycket tydligt att allt yngre personer avlider i Alzheimers sjukdom numera. Nivån för t.ex.180 döda har förflyttats från 85+ år 1997 ned till åldersgruppen 75-79 år 2001.

En aktuell uppföljning av antal Alzheimerdöda och antal mobilabonnemang pekar mot ett samband. År 2005 gjorde vi ett enkelt modellarbete och uppskattade antal döda år 2015 till 1500 st. Av diagrammet i artikeln ser man att uppskattningen var lite väl optimistisk och att en mer rimlig extrapolering redan då borde hamnat runt 2000 dödsfall. Nu i efterhand kan vi konstatera att

antalet dödsfall 2013 nådde 2200, se Figur 8 där även antal
mobilabonnemang har lagts in som jämförelse.

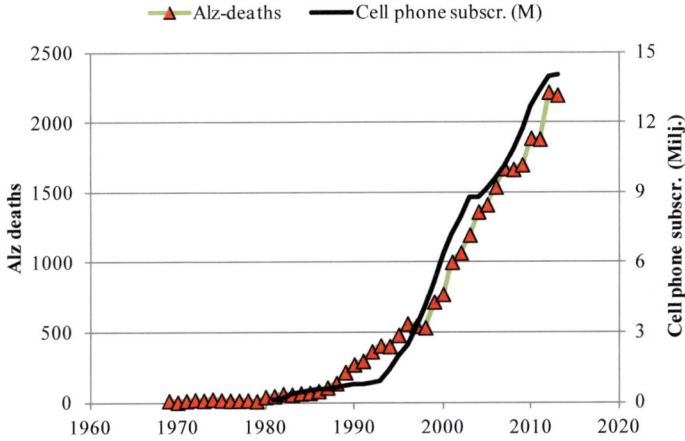

Figur 8. Antal nya mobilabonnenter och antal döda i Alzheimers
sjukdom samvarierar.

Det faktum, att vi ser en signifikant koppling mellan
mobiltelefonernas genomsnittliga uteffekt och dödligheten i
Alzheimers sjukdom, utgör också ett starkt argument för att
misstänka ett samband mellan sjukdomen och användandet av
mobiltelefoner.

Slutsatser

1. Dödligheten i Alzheimers sjukdom är signifikant högre i län
   med högre uteffekt från mobiltelefoner.
2. Antalet döda ökar i åldersgrupper över 65 år och har ökat
   med 350 % sedan 1997 fram till 2013, (Figur 8).

3. Djupare studier av dessa förhållanden bedöms vara motiverade.

Referenser

1. Persson T, Törnevik C, Larsson L.E., Lovén J "GSM Mobile phone output power distribution by network analysis of all calls in some urban, rural and in-office networks, complemented by test phone measurements", Bioelectromagnetics Society Annual Meeting, Quebeq Canada, June 23-27 2002.
2. Hardell L, Mild KH, Carlberg M, "Further aspects on cellular and cordless telephones and brain tumours", Int J Oncology 2003; 22: 399-407.
3. Salford LG, Brun A, Sturesson K, Eberhardt JL, Persson BR, Permeability of the blood-brain barrier induced by 915 MHz electromagnetic radiation, continuous wave at 8, 16, 50 and 200 Hz. Microsc Res Tech 1994; 15; 27:535-42.
4. Salford LG, Brun A, Sturesson K, Eberhardt JL, Persson BR, Nerve cell damage in mammalian brain after exposure to microwaves from GSM mobile phones. Environ Health Perspect 2003; 111;881-3.

Beräkna antalet framtida dödsfall i Alzheimer

"Min *personliga syn på detta är att när det råder stor osäkerhet så är det särskilt angeläget att området beforskas ordentligt.*"

Kjell Asplund i Socialstyrelsens ledningsgrupp har en ovanligt lateral syn på forskningsresultat som inte direkt passar in i det normala mönstret. I stället för att förneka fakta eller att i svepande ordalag hänvisa till ändringar i dödsregistrets klassificering under åren vill han att viktiga områden där det samtidigt råder osäkerhet ska utredas noggrannare och djupare..

Inledning Jag skickade över en kopia av en tidigare version av föregående kapitel till Kjell Asplund på Socialstyrelsen den 12 mars 2004 och kompletterade med ytterligare ett par bilder i ett senare brev den 19 april 2004. I det senare brevet visade jag hur sjukdomen ALS skiljer sig från Alzheimer när det gäller dödligheten i våra olika län. ALS har ingen som helst koppling till faktorer som GSM-täckning, mobileffekt eller latitud medan dödligheten i Alzheimer har en stark koppling till mobiltelefonernas utstrålade effekt. Brevet återges här direkt:

"Ärende: ALS och Alzheimer

I Socialstyrelsens rapport om ALS (020912) står "att sjukdomens orsak är fortfarande okänd. Tidigare har virus och immunologiska mekanismer liksom förgiftningar med tungmetaller och brist på spårämnen diskuterats, men man har ännu inte kunnat påvisa någon sådan enskild orsaksfaktor. Under senare år har man framför allt arbetat med teorin att en skadlig inverkan av glutamat (aktiverande signalsubstans) tillsammans med fria syreradikaler och eventuellt virus samt yttre faktorer, exempelvis tungmetaller, skulle kunna ha en skadlig (toxisk) effekt på nerv/muskelfunktionen. Detta skulle leda till att cellerna förstörs genom en utbredd nedbrytning (degeneration) av framhornsceller i ryggmärgen och av motoriska bansystem i centrala nervsystemet."

Sådana orsaksfaktorer borde inte orsaka en korrelation mellan dödlighet och genomsnittlig uteffekt från mobiltelefoner i våra olika län. En granskning av data visar också att detta antagande stämmer.

Alzheimers sjukdom har en oklar orsaksbild, men till skillnad från ALS så ökar dödligheten snabbt år från år, även om man tar hänsyn till den ökande andelen åldringar. En motsvarande analys över dödlighetens ökning i relation till genomsnittlig uteffekt från mobiltelefoner i våra olika län visar på en stark korrelation, R2 = 0,37 och p = 0,0033.

"Enligt Dnr 32-2579/2004 beror den stora ökningen i dödlighet hos Alzheimerpatienter huvudsakligen på förändrade dödsklassifikationer. Jag vill med detta brev bara peka på omständigheter, som gör att jag tror att det finns anledning för mig att fortsätta forska om orsakssambanden. Intresset för detta från forskningsstiftelser, mobilindustrin, SSI och andra ansvariga myndigheter kan dock tänkas vara blandat. "

Kjell Asplunds svar bådar gott för den fortsatta forskningen inom området om hans synpunkter kommer att tillmätas någon betydelse av mobilindustrin och dess förlängda arm, regeringen.

D.nr 32-3885/2004

"Bäste Örjan !

Dina siffror är onekligen intressanta, men precis som Du säger finns det en utbredd skepsis både i vetenskapssamhället och bland myndigheter när det gäller sambandet mellan användning av mobiltelefoner och insjuknande i olika sjukdomar. En hel del av denna skepsis beror på motsägande forskningsresultat. Min personliga syn på detta är att när det råder stor osäkerhet så är det särskilt angeläget att området beforskas ordentligt.

Många hälsningar

Kjell Asplund"

Men kan man verkligen räkna ut hur många som kommer att dö i Alzheimers sjukdom de närmaste 20 åren?

Föregående kapitel pekar på ett kraftigt ökande antal människor som får Alzheimers sjukdom som primär dödsorsak i sitt dödsbevis. Jag ville se om detta verkligen höll för en närmare granskning och beslöt mig för att se om tidiga data t.ex. data från 1981 till 1993 kunde användas för att beräkna hur antalet dödsfall skulle utvecklas fram till 2001 där vi har facit i handen.

Det analysprogram, som jag använder, utvecklades som ett examensarbete och vidareutvecklades sedan av Patric Oscarsson under åren 1995-1997efter en tidig prototypidé från mig. I princip fungerar det så här: Antalet nya objekt (människor t ex.) som börjar exponeras för en miljöstress varje år beskriver den bas som genererar utfall (här dödsfall). Ett objekt, som utsätts för denna stress, kommer att falla ut med en viss sannolikhet efter en viss tid, vilket beskrivs med en sannolikhetsfördelning. Eftersom antalet objekt kan komma att minska med tiden (t ex. genom naturliga dödsfall) justeras antalet aktiva (levande) objekt enligt dessa förhållanden. Det totala antalet beräknade utfall summeras för varje år och jämförs med det faktiskt rapporterade antalet. Därefter gör programmet en optimering av parametrarna i modellen för att ge den bästa anpassningen mot uppmätta data.

Denna metod har presenterats både på en stor tillförlitlighetskonferens i Lissabon 1997 och i skriftlig form i tidskriften Archives of Environmental Health. Metodiken verkar dock vara helt okänd bland epidemiologer.

Jag utgick från antalet dödsfall i Alzheimers sjukdom som rapporterades varje år mellan 1981 till 1993 och räknar från ett basvärde (42 st) som verkar ha varit en naturlig nivå dessförinnan. Under denna tid sker en snabb ökning av antalet mobilabonnenter (NMT-systemet slog igenom). Först låter vi datorn söka den sannolikhetsfördelning som ger den bästa anpassningen till dessa data och låter den uppskatta antalet årliga dödsfall framöver.

Hur skulle det beräknade antalet dödsfall per år förändras om vi i stället lade in det faktiska antalet nya mobilabonnenter, som vi sett fram tills nu? Och i framtiden ska väl alla nyfödda få en egen mobiltelefon, det måste vi ta med i beräkningen.

Och hur blev det då? Jo verkligheten följer modellen mycket bra. Om man gör en ny beräkning med data fram till 1997 eller tar med alla tillgängliga data fram till år 2001 så gör det ingen större skillnad; det är samma mönster som upprepar sig.

Under de närmaste åren beräknades följande antal människor få Alzheimers sjukdom angiven som sin primära dödsorsak. Jag kommer naturligtvis att noggrant följa denna utveckling alltefter som den presenteras i Socialstyrelsens dataregister.

År	Alzheimer-döda
2002	1241+42=1282
2003	1518+42=1560
2004	1839+42=1881
2005	2195+42=2237
2006	2575+42=2617

Tabell 1. Beräknade antal döda för åren 2002 till 2006.

Den som lever får se…

oooOOOooo

Ovanstående beräkning gjordes för över 10 år sedan, 2004. I föregående kapitel redovisades i Figur 8 att det verkligt rapporterade antalet döda ökade mycket snabbt, men inte fullt så mycket, som denna modellberäkning indikerade år 2004.

Nu börjar det
hända saker...

"Manuskriptet saknar professionslitet... Resonemanget blir om möjligt än mer bisarrt vid analyserna av tidstrender. "

L äkartidningen sågar med stor kraft mitt insända manus om hur olika dödsorsaker korrelerar med mobiltelefonernas uteffekt i landets olika län. Mats Eliasson håller med denna 'epidemiologiska expert' i vederbörandes bedömning. Intressant nog så har tydligen experten blandat ihop korten något eftersom någon tidstrendanalys inte alls redovisades i manuset. Men nu börjar det hända andra saker.

Kos På sommaren 2004 kom plötsligt ett ovanligt e-brev till min brevlåda. Mitt och Olle Johanssons insända abstract till ett föredrag på en konferens om elektromagnetiska fält och hälsa hade blivit accepterat! Det var bara att författa en skriftlig rapport som skulle tryckas senare i konferensmaterialet och skicka in det. Och sedan att förbereda föredraget naturligtvis. Detta var ju utomordentligt glädjande. Och på sätt och vis förvånande eftersom vi som titel valt: "Does GSM 1800MHz affect the population health in Sweden?". Detta är ju en fråga som man inte får ställa, det har vi lärt oss.

Nästan samtidigt blir det klart med publiceringen av ytterligare en artikel i serien hudcancer. Den fick, efter lite hoppande hit och dit, titeln: "Malignant melanoma of the skin - Not a sunshine story!"

och publicerades den 1 juli 2004 av Medical Science Monitor, en medicinsk tidskrift i USA. Det intressanta med denna tidskrift är att den dels verkar ha många läsare, främst via webben, och dels har en fin service. Det kostar inget att ladda ner en kopia av en artikel och man kan löpande via webben följa statistiken över hur antalet nerladdningar utvecklar sig.

Ja, vi slog ett rejält rekord i detta julinummer i alla fall. Hela 427 nedladdningar gjordes under juli och augusti medan snittet på övriga artiklar i samma nummer endast nådde upp till 53 st. Det visade sig senare att vi slog nedladdningsrekord för varje månad och att antalet ökade istället för minskade per månad. Jag fick vid ett tillfälle ett e-mail från chefredaktören, som gratulerade till "your excellent work". Idag har totalt över 10 000 kopior laddats ner.

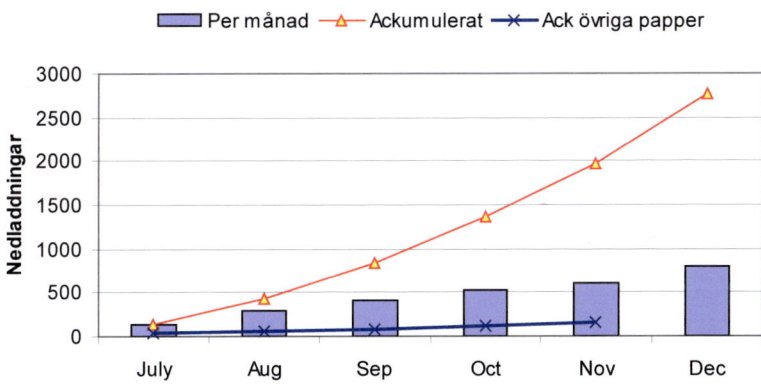

Figur 9 Antal nedladdningar per månad accelererade och passerade med tiden över 10000 st.

Men uppenbarligen var inte alla lika nöjda som jag och Olle. Artikeln verkar ha slagit ner och skrämt upp någon hög industrichef. Eftersom artikeln under rubriken 'Source of support' nämnde både Sif och TCO Development blev dessa organisationer tydligen kontaktade av den vettskrämda chefen. Och när han säger "Hoppa" så hoppar både Sif och TCO så att byxorna nästan ligger kvar på golvet. Dessa organisationer skrev nu ett brev till rektorn för Karolinska Institutet, Harriet Wallberg-Henriksson, och beklagade sig över att ha blivit förknippade med denna studie. Organisationerna skrev tillsammans: "Med detta brev vill vi försäkra oss om att påståenden, såväl i muntlig som i skriftlig form, som ger sken av samarbete och forskningsfinansiering inte upprepas".

Men faktum är att TCO har samarbetat med mig, vilket också är en form av stöd (support). Den sista mars år 2004 fick jag ett mail från Sture Nordh där han tackade för viss information han hade fått och där han föranstaltade om ett kommande möte. Redan senare samma dag kom ett e-brev från chefen för TCO Development, Jan Rudling, där han bjuder in mig till ett möte för att diskutera strålningsfrågor. Men efter att ha fått smäll på fingrarna vill man nu inte kännas vid någon form av samarbete.

Icke desto mindre fick jag ett e-brev från Jan Rudling strax efter, där han skriver följande: "Vi är givetvis intresserade av att hålla kontakten med dig och hålla oss underrättade om din forskning". Jag tackade och skrev: "Historien påminner lite om första delen av Carl-Henric Jonssons Julafton där TCO spelar den sedermera så fryntlige fadern..."

Det danska EMF-projektet

Under försommaren blev jag kontaktad av Sianette Kwee, en professor i Danmark som har tagit strid i danska strålningsfrågor och som själv har forskat mycket inom biologiska mekanismer och EMF. Danska myndigheter hade avsatt 20 MDKK till forskningsprojekt inom området EMF och hälsa. I slutet av maj ber hon mig om förslag till projektupplägg för ett arbete inom tillämpad forskning, inte grundforskning. Jag svarade och gav ett förslag som hon tyckte var bra. Detta förslag bearbetades sedan till en formell ansökan som skickades in av Olle Johansson. Jag förstod att det fanns andra projektförslag, som bl. a skulle gå ut på att upprepa den fatala TNO-studien i Holland för att komma fram med mer "sansade" resultat. En sådan projektbeskrivning skulle säkert få ett hundraprocentigt stöd från industrikretsar.

Men frågan var: Var avsikten verkligen att dessa pengar skulle användas för att få fram fakta eller skulle de användas till att dölja fakta? Den 19 augusti kom ett brev från Niels Hovgaard Steffensen, ledamot i fullmäktige för den tillsatta forskningsstyrelsen. En expert hade granskat vårt förslag och sågade det totalt. Han hade retat upp sig på att jag inte var epidemiolog till professionen utan en vanlig elingenjör. "Som ofta är fallet när en icke-epidemiolog med rudimentära kunskaper i statistik försöker sig på en epidemiologisk studie så får man de resultat man eftersträvar". Betygssättningen görs med sämsta tänkbara poäng och han hade dessutom inte läst projektbeskrivningen eftersom han trodde att statistiken rörde antalet sjukhuskonsultationer relaterat till andelen mobilanvändare i olika län. Detta var helt nonsens och Olle skrev ett förklarande brev som svar.

Den 30 augusti kommer så rapporten från den andre referenten. Här blev betygen plötsligt mycket bättre, men sammanfattningsvis blev summabetyget trots detta det lägsta möjliga. Granskningarna var uppenbarligen rena beställningsjobben där slutresultatet var inskrivet i beställningen. Mönstret började kännas igen; den danska satsningen var inte avsedd att kasta ljus över frågan utan pengarna skulle användas till mörkläggning. Så enkelt var det.

Brevet som kom bort

Ungefär samtidigt med TCO-affären händer fler underligheter. Den 15 augusti 2004 skickade jag ett kort brev till Socialstyrelsen där jag dels bifogade en kopia av artikeln 'Melanoma of Skin - Not a Sunshine Story!' och dels gav en liten tabell över antalet döda i Alzheimers sjukdom som jag hade beräknat för åren 2002-2006. Avsikten var att få dokumenterat att jag har gjort dessa beräkningar och att Socialstyrelsen känner till dessa. Brevets innehåll återges här.

"Ärende: Alzheimer-döda 2002-2006 samt artikel om hudcancer

Antalet dödsfall orsakade av Alzheimer mellan 1981-2001 har kopplats till antalet mobilabonnenter under samma tid. Det framtida uppskattade antalet har därav kunnat beräknas varav de 5 närmast följande årens utfall (2002-2006) anges i Tabell 1 *(se sid 80)*. Det ska bli intressant att se hur nära som dessa beräkningar kommer faktiskt utfall.

Jag bifogar även min och Olle Johanssons senaste artikel om hudcancer, som publicerades i juli 2004."

När jag efter ett par veckor ringde registratorn för att få diarienumret till detta brev fick jag följande svar. "Nja, det brevet gick först till Epidemiologiskt Centrum och sedan skickades det och artikeln till överdirektör Kjell Almqvist. Och eftersom det bara var fråga om information, så diariefördes inte brevet.". Efter en stund återkom registratorn med beskedet: "Brevet verkar också ha förkommit, vi hittar det inte".

Nej, det kan man förstå. Ett brev som innehåller en artikel, som går stick i stäv med den officiella sanningen och som dessutom har mage att förutsäga antalet dödsfall i en allvarlig sjukdom får ju absolut inte registreras. Brevet måste omedelbart förstöras. Tänk om det skulle visa sig att brevskrivaren har rätt...

Nu blev jag lite kärvare i tonen och sade att jag kommer att skicka en ny underskriven kopia till Socialstyrelsen och jag begärde att brevet diarieförs och att jag får reda på diarienumret. Den något konfunderade registratorn lovade att ta hand om kopian och se till att det blev diariefört denna gång. Och efter några dagar fick jag ett e-mail från Kjell Asplund där han nu gav två diarienummer för samma ärende. Man hade lyckats hitta ett diarienummer även för det första brevet verkade det som.

Konferensen i Kos

Det var första gången jag besökte Grekland. Mellan 4-8 oktober hölls en konferens om radiostrålning och hälsa och mitt bidrag hade råkat släppas igenom spärrarna. Väl på plats noterade jag med intresse att det var en hel del svenska delegater med på konferensen. Samtidigt noterade jag att den industristödda falangen runt Ahlbom och den lägre tjänstemannen Bosse Pettersson noga undvek att hälsa på mig. Jag fick gå fram och nästan ta tag i Bosse innan han låtsades se att jag stod där. Maria Feychting sneglade mot mig i korridorerna men aktade sig för att komma för nära. Däremot var Stefan Lönn en trevlig prick, som inte verkade vara helt förstörd av lobbyisternas påverkan.

Mitt föredrag om den svenska ohälsan och mobiltelefonerna rönte ett stort intresse och jag fick använda mig av den största föreläsningssalen. Frågestunden blev längre än vanligt och många var intresserade av det jag hade haft att säga. Men så reser sig Maria

Feychting upp och säger: "This is not scientific. You might as well have made correlations between broccoli consumption and health". Jag tackade för upplysningen med att säga: "Well, I am glad you say so. I can tell you that I don't care!" Sedan satte Maria sig ner och var tyst.

Bosse Pettersson, som representerar Socialstyrelsen, verkade bli extra uppspelt när Maria gjorde sitt framträdande. På nedanstående bild ser vi hur hans skadeglädje inte känner några gränser när Maria avfärdar mitt föredrag som ovetenskapligt.

Foto 1. Bosse Pettersson ler förnöjt när Maria Feychting sågar mitt föredrag.

COST 281 håller workshop om radiofrekvent strålning

I november 2004 skulle COST 281 arrangera en workshop om hälsa och radiofrekvent strålning. Jag och Olle skickade gemensamt in ett "abstract", som handlade om kroppsresonant strålning och cancersjukdomar. Redan dagen därefter kom ett preliminärt program ut till alla medlemmar inom COST 281. Där stod både datum, klockslag och titel på det föredrag, som jag skulle hålla den 15 november. Det var ju fantastiskt! Jag hade tidigare betraktat COST 281 som en ganska hårt industristyrd organisation där inga negativa föredrag fick komma fram i rampljuset. Hade man ändrat inriktning nu plötsligt?

Nej då. Plötsligt får jag ett e-mail från sekreteraren där han med ett beklagande berättar att mitt föredrag inte hade accepterats av programkommittén. Så var det med den saken. COST 281 hade inte alls förändrats, det var samma gamla vanliga regel som gällde. Om sekreteraren fick smäll på fingrarna förtäljer inte historien.

Ketschupeffekten

Plötsligt verkade det som om våra papper började bli publiceringsbara. Inom bara några få veckor fick vi meddelande från flera tidskrifter om att våra insända manus hade accepterats. European Journal of Cancer Prevention accepterade ett arbete om det underliga året 1997. "1997 - a qurious year in Sweden". Där pekar vi på det underliga att så många olika ohälsomått plötsligt börjar gå åt fel håll i Sverige från hösten 1997.

ACNEM, The Journal of the Australian College of Nutritional and Environmental Medicine, meddelade att vårt manus "Long-term sickness and mobile phone use" också hade accepterats för publicering. Och tidskriften Electromagnetic Biology and Medicine (EBM) var inte sämre än att de också hade accepterat ett manus med titeln "Mobile Handset Output Power and Health". I detta papper analyserar vi olika sjukdomar i Sverige och hur de eventuellt korrelerar med mobilsystemens täckningsgrad, vilken är ganska hårt kopplad till mobiltelefonernas genomsnittliga uteffekt vid samtal.

Ännu ett arbete, som vi hade skickat till EBM, verkade inte helt kört. Efter "peer-review" hade vi fått ett antal frågor att besvara, vilket vi gjorde rätt grundligt. Det korrigerade manuskriptet skickades tillbaka och gick tydligen på en ny runda. I bästa fall skulle det kunna bli 4 nya artiklar som plötsligt inom några veckors spännvidd blev godkända. Det hela var mycket uppmuntrande.

Hörselnerver och cancer

Strax efter hemkomsten från Kos, där jag hade fått klä skott för att jag pekade på otrevliga samband mellan sjukdomar och mobiltelefoner, kommer Stefan Lönn ut med en rapport om hörselnervscancer. Arbetet ingår i hans doktorsavhandling och handledaren är Maria F. Avsikten har tydligen varit att med vetenskaplig stringens göra en analys av befintliga data för att därigenom kunna kullkasta Lennart Hardells tidigare rapport från 2002. Han hade nämligen kommit fram till att risken för att få cancer i hörselnerven var nära 4 ggr så stor för mobilpratare på den sidan av huvudet där man främst placerade mobilen. Denna rapport hade följaktligen fått mycket kritik från industritrogna forskargrupper, som Ahlboms, och nu skulle man visa hur det egentligen förhöll sig.

Tja, hela avhandlingen upprepar gång på gång att inga samband mellan strålning och cancer har kunnat noteras, utom möjligen i ett fall, nämligen just hörselnervscancer. Där poängteras att undersökningen inte visade på någon ökad risk för kort användningstid och kort latenstid. Man observerar dock en association mellan över 10 års användning av mobiler och hörselnervscancer, men detta är begränsat till den sida man använder telefonen på. Risken ökar med faktorn 4 för mobilpratare på mobilsidan jämfört med kontroller som sällan eller aldrig pratar i mobiltelefon. Undrar hur länge den rapporten fick ligga och gro innan man tvingades lämna ut resultatet. På sidan 26 i Stefans avhandling finns ett diagram, som visar hur incidensen för glioma har utvecklats i Danmark, Sverige, Norge och Finland. Anmärkningsvärt är att incidensen tvärt viker av uppåt från 1997 för de äldsta åldersgrupperna. Vad hände det året? Lika anmärkningsvärt är att detta förbigås med största möjliga tystnad i avhandlingen. Det var nog något, som helt enkelt inte fick uppmärksammas…

Eftersom man tydligen kan få cancer i hörselnerven om man pratar i mobiltelefon så är steget inte långt till att börja fundera. Hur det är med hörselnedsättning då? Och är det värre ute på landet där mobilerna skriker 1000 ggr högre än i Danderyd? Får man mer hörselnervscancer uppe i norrlandslänen nuförtiden jämfört med i Stockholm t ex?

Jag blev nyfiken och började genast samla på mig en del data. De Hörselskadades Riksförbund (HRF) hade en bra rapport, som visade på hörselnedsättning i olika delar av landet och hur det förändrats över tiden. Jag tankade hem mer data från Socialstyrelsens webb och började titta både på hörselnedsättning och på incidensen av hörselnervscancer. Sammanfattningsvis blev det en intressant övning. Det visade sig att hörselnedsättningen var signifikant korrelerad med mobilernas uteffekt, värre i glesbygden således. Ännu mer intressant var det att konstatera att även hörselnervscancer de senaste åren har börjat öka främst i samma glesbygdslän. Eftersom antalet fall är så litet (ca 70-80 nya fall per år) så blev p-värdet 14 % vilket är mer än de 5 % som krävs för att man ska kunna kalla detta signifikant. Detta enligt de stelbenta regler som epidemiologerna håller sig till. Men sunt förnuft säger att detta är en viktig fingervisning.

Men sunt förnuft är ovetenskapligt, oseriöst och bisarrt. Det har jag fått lära mig, egen tankeverksamhet undanbedes.

Men slutet är nära...

"... totally out of control in its interpretations and assertions based on ecological studies whose mistakes any journalist would recognize"

SSI upprepar gärna det uttalande, som en av de anlitade experterna hade givit efter granskning av våra arbeten på uppdrag av Vetenskapsrådet (VR). SSI har ett eget vetenskapligt råd, som styrs av Anders Ahlbom och Maria Feychting, ordförande respektive sekreterare. I VRs rapport kan man läsa: "Bästa betyget bland de svenska forskarna ges till gruppen kring Anders Ahlbom och Maria Feychting." Den sämsta forskning man kan tänka sig är däremot den som jag har bidragit till enligt ovanstående engelska citat...

MSM Efter det att året hade stegats upp till 2005 gjorde tidskriften Medical Science Monitor en tillbakablick över året som gått. Artikeln om hudcancer (Not a sunshine story!) blev totalt femma när det gäller antal nerladdningar under detta år. Men i kategorin Clinical Research segrade den med bred marginal, 2395 nedladdningar bara på 6 månader jämfört med tvåan som skrapade ihop 752 st på 11 månader. Uppenbarligen är läsarna mycket intresserade av bottenlöst dålig forskning.

Någon kanske undrar varför jag är så väldigt intresserad av hudcancer. Har han själv problem kanske? Eller någon i familjen? Nej, vi har varit lyckligt förskonade från sådant faktiskt. Jag kan konstatera att av en ren slump har jag och min fru haft sängarna riktade på tvären mot Nacka-masten under alla år vi bott i Trångsund. Vår son låg däremot i resonansriktning sedan vi flyttade hit och är den ende i familjen som har blivit allergisk. Mina föräldrar hade också turen att ha sängarna på tvären mot resonansriktningen. Far blev 90 närapå och mor lever i högönsklig välmåga och går mot 91 i år. (*Not. Hon avverkade faktiskt en månad in på sitt 99:e år innan hon tyckte det räckte och somnade i på sitt äldreboende.*)

Nej det är helt andra skäl till att jag har intresserat mig för hudcancer. Hudcancer är en epidemiologiskt mycket "ren" sjukdom. I botten finns några olika faktorer som inverkar men de är beräkningsbara. Hudcancern är alltså en sjukdom, som man kan prediktera förloppet av mycket noga bara man tar med dessa faktorer. Och känner till dem naturligtvis. Så om jag bara kan visa på dessa samband och utnyttja dem för att prediktera utfallet så skulle man få nya, effektiva verktyg för att förstå och därmed även påverka och minska uppkomsten av onödiga cancerfall. Om jag koncentrerar mig på den mest renodlade miljöorsakade cancern, som hudcancer verkar vara, så borde jag snabbast komma fram till ett intressant resultat och andra kunde ta vid och fortsätta arbetet för andra sjukdomar.

Om jag ser tillbaka på mitt verksamma liv kan jag konstatera att jag har varit tämligen framgångsrik på att starta upp projekt av olika slag. När sedan projektet blev färdigt gällde det att implementera resultaten i den normala verksamheten som rutiner och standardmetoder. I den delen var det alltid bättre om någon annan tog vid och förde budskapet vidare. Själv hade jag lätt att tappa intresset för det gamla och ville helst ta tag i en ny frågeställning. I detta fall vill jag "landa" hudcancerstudierna på ett bra sätt och sedan ta tag i något helt annat, antagligen problemet med den globala upphettningen. Den går just nu tyvärr så snabbt att det börjar bli mycket bråttom med att få mina hudcancerstudier avslutade...

Hur beräknar man antalet kommande fall av hudcancer?

Nu ska jag försöka bli riktigt pedagogisk. Jag skulle kunna skriva ner några enkla formler och säga att så är det. Men det visar sig att även högutbildade vuxna personer värjer sig för att tänka igenom matematiska, logiska samband som uttrycks som formella funktioner $(I_x(t) = i_x + I(t - Y_0 - A)$ etc). Nej, det påminner för mycket om tråkiga skoltimmar för 30 år sedan. Och jobbigt är det.

Därför ska jag nu be läsaren ta fram papper och penna. Blyerts, för du gör säkert fel. Du ska få några enkla förutsättningar att utgå från och sedan ska du baserat på detta beräkna den åldersspecifika cancerincidensen för 20-åringar, 50-åringar och sist 80-åringar.

Figur 10 visar en kurva över en cancerincidens som funktion av den tid man har exponerats från en ny och påverkande miljöfaktor. Vi antar att denna incidens ska adderas till den åldersspecifika incidens befolkningen hade innan denna nya miljöfaktor kom in i bilden.

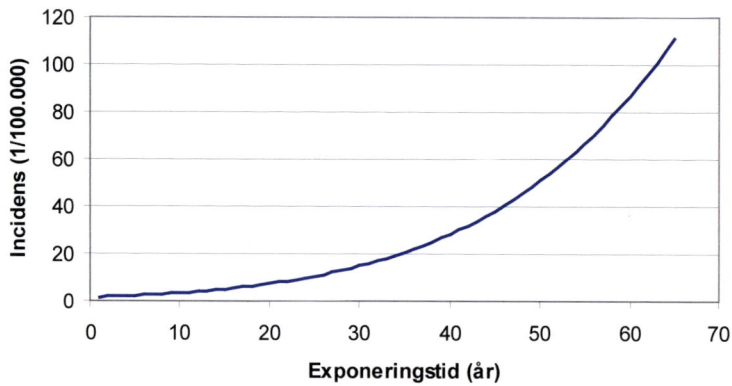

Figur 10 Kurvan anger incidens som funktion av en exponeringstid.

Nästa förutsättning är att denna miljöpåverkan inte har någon effekt förrän man har fyllt 15 år. Vi antar att den nya miljöförändringen slår till från år 1955. Från denna tidpunkt tillkommer nu en miljöorsakad incidens, som du ska beräkna och rita in i diagrammet (med blyerts). Det räcker alltså med 20, 50 och 80 års åldersgrupper. Sedan börjar du kanske fatta hur det fungerar. Vi förutsätter också att den tidigare "naturliga" incidensen hos dessa åldersgrupper var 1, 4 och 10 per 100 000 personer och år respektive.

Svårt att komma igång? Ta 20-åringarna t ex. År 1960 har en 20-åring levt i 5 år sedan sin 15-årsdag. Alltså ska den åldersspecifika incidensen för en 20-åring år 1960 enligt Figur 10 ha ökat med ca 2/100 000 från tidigare konstanta värde, som är ca 1/100 000, alltså totalt 3/100 000 för 20-åringen år 1960. År 1975 har 20-åringen också bara exponerats i 5 år sedan sin 15-årsdag, alltså fortfarande bara 3/100 000.

Ta nu 50-åringen. 1960 hade han liksom 20-åringen exponerats i 5 år och alltså höjt incidensen från 4/100000 till 6/100000. År 1980 var en 50-åring född 1930 och således över 15 år 1955. Hans höjning ska då beräknas utgående från 1980-1955=25 års exponering vilket enligt figur 11 är ca 10/100 000, totalt 14 om man lägger till grundnivån för 50-åringar, som i exemplet är 4/100 000.

Om du fortsätter detta resonemang och ritar in resultatet så gör du samma sak som ett enkelt Excel-program gör. Resultatet av denna beräkning ser du i Figur 11.

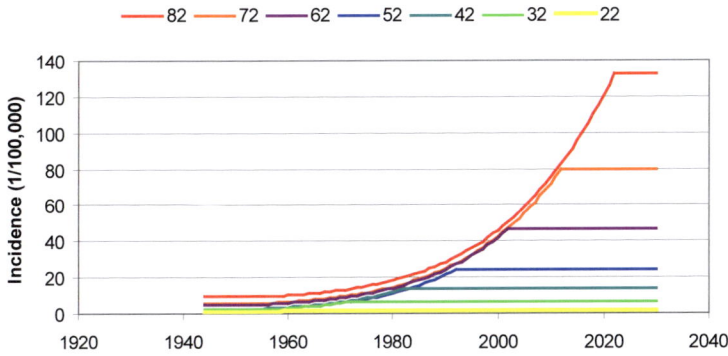

Figur 11 Beräknad åldersspecifik incidens när en miljöförändring inträffat 1955 och påverkar alla som är äldre än 15 år.

Den intelligente läsaren har nu själv förhoppningsvis genom detta enkla resonemang skaffat sig en bild av hur den åldersspecifika incidensen bör bete sig om ett land mer eller mindre momentant och senare utsätts för en ny miljöbelastning. Om man då har denna bild klar för sig så är det lätt att förstå hur den åldersstandardiserade incidensen också bör bete sig. Ofta används i Sverige t ex den befolkningsfördelning som vi hade år 1970 som standard. Det betyder att man multiplicerar varje åldersspecifik incidens med åldersgruppens andel av totalbefolkningen och sedan summerar alla dessa produkter för varje år för sig.

Eftersom vi nu kan beräkna denna åldersspecifika incidens kan vi också beräkna den åldersstandardiserade incidensen och jämföra med vad man faktiskt har uppmätt. Det är enkelt att låta datorn variera de olika parametrarna i modellen för att finna den bästa anpassningen mot den rapporterade åldersstandardiserade incidensen. Om man gör detta så blir det datorn som själv bestämmer formen på Figur 10 samt anger från vilket år som miljöstörningen slog till samt från vilken ålder man blir känslig för denna.

Denna optimering pekade på drygt 1953 som startår då störningen börjar få effekt. Motsvarande analyser på andra länder gav följande resultat: Norge: 1956; Danmark: 1951 år; Finland: 1956 och USA: 1972.

Det är intressant att konstatera att starttidpunkterna överensstämmer väl med de år då FM-radion startade. I Sverige startade den blygsamt 1953 och drogs igång ordentligt från 1955. I Norge och Finland från 1955 och i Danmark startade de första sändningarna i Köpenhamn redan 1948. USA hade en del tidiga sändningar men den stora utbyggnaden drog inte igång förrän 1974.

Nå, det kan ju hända att allt detta bara är något som kan avfärdas som kuriosa, som SSI säger. Men det skulle naturligtvis vara intressant att se hur den åldersspecifika incidensen för hudcancer ser ut. Ser kurvorna ut på det sätt som läsaren och mitt Excel-program har räknat ut det? Figur 12 visar resultatet i Sverige.

Den beräknade modellen i Figur 11 använde 1955 och 15 år som indata och den liknar väldigt mycket Figur 12.

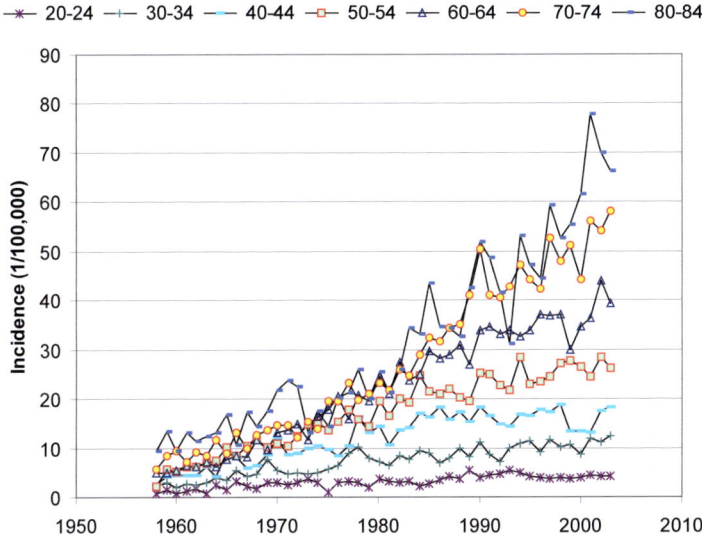

Figur 12 Rapporterad åldersspecifik incidens av hudcancer i Sverige följer helt de enkla trender som beräknats och visas i Figur 11.

Den som vill kan ju försöka förklara dessa kurvor på något annat sätt, t ex genom det ökande resandet till solparadis som började starta runt 1962, men då bara berörde ca 100 000 personer. Man får också en svårighet att förklara att ett ökande solande bara resulterar i stark ökning av hudcancer hos de allra äldsta medborgarna i riket. Är det bara rika pensionärer, som åker utomlands numera? Genomför ett logiskt resonemang, som visar hur den åldersspecifika incidensen ska bete sig när vi har en ökande miljöpåverkan från ett ökat resande. Det vi har räknat på här är det fall när vi har en konstant miljöpåverkan från en viss tidpunkt.

Den fråga jag nu ställer mig är hur det kan komma sig att den 'seriösa forskningen', som Håkan Eriksson säger, på 50 år inte har lyckats uppmärksamma dessa samband? Vad har hänt med de personer som i alla fall måste ha noterat dessa samband redan för många år sedan? Har de alla av en slump råkat ut för tragiska dödsolyckor i trafiken eller på sjön t.ex.?

Det är inte utan att man undrar...

Och vi går alla en strålande framtid till mötes

Det är nu dags att börja summera huvudpunkterna från denna skrift. Och att försöka se framåt. Att "prediktera" framtiden. Den kommer i alla fall emot oss lika oundvikligt som en ångvält på rullning.

Allergier och astma var ovanliga åkommor i början av 1900-talet. Men från 1960 sker en formidabel explosion fram tills idag. Och inget tyder på att det slutar här. Snart kommer barn, som inte är allergiska, att bli allt ovanligare i skolklasserna. "Mamma, varför har inte jag nån inhalator? Johan retas för jag inte har nån! Jag vill också ha en inhalator!".

Plötsligt verkar det tyst bland vissa fågelstammar. Vad är det som orsakar denna mystiska fågeldöd? Och varför börjar det dyka upp fågelvirus i en omfattning vi inte sett förut från Asien? Har fåglarna fått ett försämrat immunförsvar?

Bara 10 % av ålarna verkar nu hitta vägen hem från Sargassohavet enligt en uppgift. Ålarna håller på att ta slut. För att spara pengar låter elbolagen returströmmen gå genom vattnet i stället för genom kablar när de exporterar och importerar el mellan Sverige och Polen. Kan sådana onaturliga strömbanor påverka ålars förmåga att navigera? Frågorna är många och svaren uteblir.

Antalet nya fall av prostatacancer ökar dramatiskt. Tidigare har Socialstyrelsen alltid avfärdat ökade cancertal med orden "Vi blir så fantastiskt gamla nuförtiden. Så egentligen ska vi vara glada att cancern skjuter i höjden eftersom det visar att vi bara mår bättre och bättre. Annars så skulle vi inte bli så fantastiskt gamla". Och om det visar sig att cancerrisken ökar även efter åldersstandardisering av data så vill man gärna hävda att ökningen nog beror på att vi har blivit så skickliga i att upptäcka cancer.

Rent generellt så ser vi att cancerincidensen ökar med befolkningstätheten i Sverige. Sambandet är mycket tydligt. Men eftersom det knappast är så att cancer smittar och sprids genom nysningar i tunnelbanan, så borde man leta efter en bakomliggande medicinsk orsaksfaktor. Men inte en krona satsas på denna fråga. Om man frågar Socialstyrelsen får man som svar: "De regionala sambanden är dock komplexa eftersom det finns en mängd faktorer som är associerade med stads- resp. landsbyggd. T.ex. befolkningsstruktur, levnadsförhållanden, arbetsförhållanden, miljöfaktorer, (screening för melanom ang. hudcancer), etc."

Under senare delen av 1900-talet har alltså cancerrisken varit störst i storstadsregionerna och lägst ute på landet i glesbygdslänen. Men sedan 1997 har vi sett en helt ny trend när det gäller sjukligheten rent allmänt. Landsbygden är numera den klart ohälsosammaste platsen man kan vara på. Data visar att glesbygdslänen har upp till 50 % fler sjukdagar än i de sunda storstadsregionerna. I början av 1980-talet var det tvärtom, då var det hälsosammast att bo på landet även räknat i sjukdagar.

Detta kunde inte Socialstyrelsen ge något bra svar på utan hänvisade vidare till Riksförsäkringsverket. Så i oktober 2004 kontaktade jag RFV och bad om en kommentar till mitt diagram. Fortfarande i slutet av januari 2005 är det totalt tyst. Detta är kanske något, som RFV inte vill kommentera. Vid en kontroll på webben ser jag plötsligt att RFV inte finns längre! Myndigheten har slagits samman med Försäkringskassan och där känner man inte till mitt ärende. Damen på kundstöd hittar inte ens telefonnumret till f.d. RFV.

Var ska detta sluta? Mina egna undersökningar om samband mellan mobiltelefonernas genomsnittliga uteffekt (eller mobilsystemens täckningsgrad) och olika hälsomått publicerades under hösten 2004 i olika medicinska tidskrifter. Enligt dessa rapporter är risken stor att en hög genomsnittlig uteffekt från mobiltelefonen i ett län kan inverka på dess hälsotillstånd. Vår miljöminister hävdar dock "Det har inte kunnat beläggas att det finns några skadliga effekter av mobiltelefonanvändning varken på barn eller vuxna". Hon följer säkert de direktiv hon har fått av stadsminister Carl-Henric Svanberg.

Köttberget har en stor uppgift kvar...

Det är med stor tillfredsställelse jag kan konstatera att jag fortfarande är vid liv. Det hot, som strålningsexperten riktade mot mig på eftermiddagen den 7 mars 2000, har ännu inte blivit verkställt. Min telefonkostnad för mobilsamtal är så låg att operatören inte skickar några fakturor alls, det lönar sig inte med tanke på portokostnad mm., så eventuella förhoppningar om att den skulle ta mig av daga med automatik kommer nog på skam.

Men det finns gott om personer i de yngre åldrarna som talar i mobiltelefon, de flest utan sladd (det är väl inte tufft nog) i allt längre tidsperioder. Operatörernas sänkta minutkostnader gör att man har råd att grilla hjärnan allt mer och allt längre. "Ring för 0: - i minuten, dygnet runt" uppmanar Comviq våra barn att göra. Och ingen tar ett ansvar för vad som kan vänta runt hörnet. Jag gjorde en undersökning bland de involverade myndigheterna och bolagen för att se om det var klart vem som bar ansvaret om det skulle visa sig att mobiltelefonerandet ge skador även på människor och inte bara på stackars laboratorieråttor.

Alla skyller på varandra och enligt SSI så blir det Staten (d.v.s. skattebetalarna) som får stå där med lång näsa och ta hand om ökande sjukvårdskostnader. Och vilka är det som kommer att drabbas hårdast? Jo, naturligtvis de som har pratat längst vid den högsta uteffekten, och det blir ungdomar i glesbygdslänen i första hand. Vi har alla hört Per Nuders klagan över "Detta köttberg, som vi 60-talister ska föda". Dessa 60-talister och framför allt 70- och 80-talisterna kommer att ha perforerat sina hjärnbarriärer så de ser ut som såll när de närmar sig 50-års ålder.

Kanske blir det köttbergets sista stora uppgift att ta hand om alla dementa 50-åringar, som vi bör förvänta oss i samhället inom något 10-tal år. Kommer vi att orka med det? Kanske uppgiften blir oss för övermäktig och vi får låta dem ta hand om varandra. De få, som fortfarande kan arbeta, kommer inte att ha tid med sjuklingar, de måste jobba för att tjäna pengar, utveckla nya mobiltelefoner och intelligenta smörbyttor, som börjar blinka när smöret tar slut. Det är inte säkert att den demente ägaren märker att smöret har tagit slut annars.

Med dessa pessimistiska slutord avrundas denna lilla skrift. Om den har genererat några nya idéer är det bra, om den kan inspirera till att verkligen göra något vettigt är det ännu bättre.

Epilog – tio års uppföljning

… Sammanställningen är helt ovetenskaplig och säger ingenting alls om cancerrisker.

A nders Ahlbom kommenterar den 28/12 2013 mina forskningsresultat med ovanstående citat. Jag hade satt ihop en webbsida, som kallades "Madrasscancer" *) och frågat myndigheterna om de ville ge någon kommentar. Strålsäkerhetsmyndigheten avfärdade kopplingen mellan cancer och användning av resårmadrasser. Folkhälsoinstitutet hänvisade till Socialstyrelsen och Socialstyrelsen hänvisade till forskare inom området miljömedicin. Så frågan gick vidare till Professor Anders Ahlbom vid IMM på Karolinska Institutet.

"Det positiva svaret är att denna sammanställning inte ger någon som helst anledning till oro. Sammanställningen är helt ovetenskaplig och säger ingenting alls om cancerrisker.".

Efter det att de första 10 kapitlen av mitt manus legat och samlat damm på bokhyllan i närmare 10 år är det nu dags att se vad som hänt och vartåt det barkar. Uppenbarligen har inget hänt när det gäller motståndet från industristöddiga forskare. Men jag lever än i alla fall…

*) http://hir.nu/Mattresscancer.htm

Hur gick det med hudcancern?

I vårt första alster från 2002 gjordes en beräkning av antalet framtida fall av melanom i Estland. Anledningen var att man i det landet införde det västerländska FM-systemet först 1992 och att vi därför antog att melanomfallen skulle börja öka markant ett antal år därefter. Ungefär som de gjorde i de nordiska länderna efter införandet av FM-radion 1955. Vi antog då att samma övriga förutsättningar gällde så att vi skulle kunna utnyttja den karakteristiska grundfunktion, som hade extraherats ur våra nordiska data även på Estland.

Och, mycket riktigt. Antal fall började öka precis som förutspått, fast bara till ca 70 % av vad vi hade förväntat oss. Statistik över användning av resårmadrasser i olika delar av världen antydde att man i östeuropeiska länder bara använde sådana till 50 % medan vi ligger på 70 %. Så med den justeringen prickade vi faktiskt in framtiden ganska rätt!

Redan 2006 gjorde jag ett första modellarbete för att förklara hudcancertrender i Sverige. Första svaret jag fick från tidskriften Melanoma Research efter ett antal veckor, hade rubriken: Decision. När man får ett svar från en tidskrift med den rubriken, så brukar det börja med ett beklagande. "Unfortunately... etc etc". Men denna gång började brevsvaret med orden: "It is my pleasure to...".

Utvecklingen i Sverige fortsatte också precis som förväntat, med det undantaget att allt plötsligt verkade bli ännu värre efter ca 2005 och framåt.

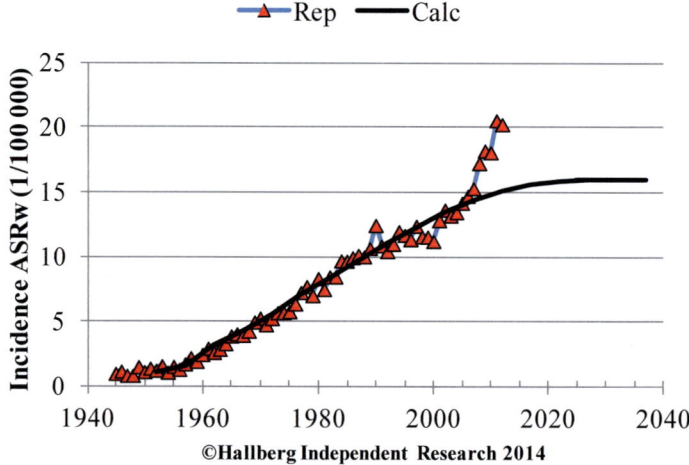

Figur 13 Efter att slaviskt ha följt den enkla exponentialmodellen fram till millennieskiftet, sker plötsligt ett trendbrott i hudcancerstatistiken. Strålsäkerhetsmyndigheten förklarar detta med ett ökat solande.

Ett annat modellarbete över melanom-trender blev också accepterat av European Journal of Cancer Prevention år 2008. Ett plötsligt försämrat immunförsvar kan förklara alla åldersspecifika trender. Om man får cellskador kanske det inte gör så mycket bara kroppen tillräckligt snabbt nosar upp skadan och ser till att den blir reparerad.

Så fortsatte det slag i slag. Publikation efter publikation blev accepterad. De senaste arbetena utnyttjar det faktum att cancerrisken ökar exponentiellt med den tid man levt i en miljö där man sover i resonans med FM-radions vågor. I början av 2015 har nu 50 arbeten blivit publicerade eller ligger i tryck.

Vi ska nu titta lite närmare på en intressant detalj. Varför får man mer cancer på vänster sida?

Vänstercancern – hjärtats fel?

År 2009 åkte min resårmadrass raka vägen till Skogås återvinningsstation. Jag hade tagit många kontakter med sängtillverkare och andra institutioner, som kunde tänkas ha information om hur vanligt det var att man sov på resårmadrasser i olika länder. Efter att ha samlat in statistik över detta för olika områden i världen tog jag fram uppgifter om förekomst av hudcancer och bröstcancer i de länder som ingick i varje område. Medelvärdet av cancerincidensen för alla länder i vart och ett av de 8 områdena prickades sedan in i ett diagram där X-axeln angav hur vanligt det var att man använde resårmadrasser i varje område.

Det visade sig att både hudcancer och bröstcancer var starkt korrelerade med användning av resårmadrasser. Dagen efter att jag skrivit ut diagrammet bar det av till Miljöstationen med min madrass. Jag hade misstänkt att det kanske kunde finnas ett svagt samband, en resårmadrass i metall kunde kanske påverka strålningen på något sätt, tänkte jag.

Men att kopplingen skulle vara så stark, det hade jag knappast kunnat drömma om. Fortsatt rotande i statistik över hudcancer och bröstcancer visade att det var en tydlig skillnad mellan höger och vänster sida av kroppen för att drabbas av dessa cancerformer. I västländerna var det en klar vänsterdominans medan man i Japan hade en svag högerdominans. En hel del har skrivits om vänsterdominansen för bröstcancer medan det endast är under senare år man har uppmärksammat vänsterdominansen även för hudcancer.

Inga övertygande förklaringar gavs i de vetenskapliga rapporterna. Man spekulerade t ex om amning, som kanske är mer vanligt på vänster bröst om mamman är högerhänt, kunde vara orsaken. Eller att något viktigt hormoncentrum låg på höger sida av hjärnan, så att det blev längre väg till vänster bröst jämfört med höger bröst... Nej, helt övertygande var det inte. Och någon försökte förklara vänsterdominansen hos melanompatienter med att de fick mer sol på vänster sida när de kör bil, eftersom vi har ratten på vänster sida och att solens livsfarliga strålar därför attackerar den vänstra sidan mest. Men den teorin föll platt om man betänker att Australien och Irland har vänstertrafik och kör med ratten på höger sida. Och likt förbannat får man även där mest hudcancer på vänster sida.

Jag funderade på olika tänkbara förklaringar, men kom inte på något "Heureka". När jag nämnde frågeställningen för min svåger, så sade han; "Det kanske beror på att man sover mest på höger sida?".

Sovvanor? Ja, det var kanske sant. Själv sover jag på båda sidorna men möjligen mer på höger sida. Svårt att veta eftersom man är medvetslös när man sover. Men min svåger förklarade det med att hjärtat stör sömnen mindre om man ligger på höger sida. Jag Googlade snabbt fram några rapporter om sovvanor, och det var helt klart att han hade rätt. Vi ligger längre tid på höger sida.

Men vad hade nu det för betydelse för cancerrisken då? Det måste ha med resårmadrassen att göra resonerade jag. Metallen kanske på något sätt skyddar mot strålningen så att den vänstra sidan får mer stryk än den högra i genomsnitt. Jag skickade frågan till Olle Johansson på KI. Undrade om de kände till någon radioexpert, som kunde förklara för mig hur en resårmadrass skulle kunna påverka strålningen.

Med vändande post kom ett förslag: Kontakta Per Wallander. Han är en erkänt duktig expert på antenner och radiostrålning hade Olle fått uppgift om. Per Wallander? Hmm ... Namnet verkade bekant. Under min tid på Chalmers på 60-talet hade jag varit konsertmästare i Chalmers spexorkester, och han som spelade andrafiolen hette Per Wallander. Jag tog genast kontakt med Per för att höra om vi kunde träffas och för att se om det faktiskt var min andreviolinist, som Karolinska Institutet hade rekommenderat.

Antenner Visst var det Per. Jag åkte hem till honom och hälsade på i hans villa. Lite försiktigt och trevande började jag förklara att jag numera privatspanar lite om hudcancer bl. a. Kom in på FM-strålningen och nämnde att jag grubblat lite om en resårmadrass kunde ha någon inverkan på denna strålning, eftersom jag noterat att länder som oftast använder resårmadrasser också har hög cancerincidens. Speciellt undrade jag om madrassen på något sätt kunde skydda den sida man sover på jämfört med den sida som ligger högre upp från madrassen. – Ja, det är helt naturligt, sa Per. Infallande och reflekterad planvåg tar ut varandra närmast metallen och tenderar att samverka längre upp från madrassen. Man kan inte räkna med enkel strålgångsgeometri när objekten är av storleksordningen en eller några våglängder. Snarast skall man nog fokusera på att människokroppen är i resonans och sängen är i resonans, så att vi får resonanskretsar som kopplar till varandra och därigenom förstärker strömmarna. Kopplingen gör att vi får kraftigare strömmar, men motriktade, varför totala fältet i utrymmet mellan kropp och säng, höger sida, blir svagare.

Detta ledde till att jag skrev en kort artikel, som redovisade kopplingen mellan cancer och användning av resårmadrasser i olika delar av världen. Samtidigt satte jag och Olle ihop en artikel med titeln: *Sleep on the right side – get cancer on the left?* Båda artiklarna publicerades i samma nummer av tidskriften Pathophysiology år 2010.

I samarbete med en finsk forskare, Paavo Huttunen och Olle Johansson gjorde vi även en studie av bröstcancerrisk som funktion av den tid man har tillbringat på en resårmadrass. Data över sovvanor och bröstcancer fanns redan publicerade och vi lade till resultat från beräknade sömnlängder på höger resp. vänster sida. Paavo kompletterade med mätdata om radiostrålning ovanför en resårmadrass, vilket ytterligare stärkte Per Wallanders och våra hypoteser. Artikeln publicerades i Advanced Studies in Medical Sciences, 2014.

Elöverkänsliga fåglar?

Elöverkänslighet var något rätt okänt i början på 80-talet. Men tiden gick och vår miljö förändrades och vi med den. I mitten på 80-talet kom de första rapporterna om att vissa personer kunde må illa av dataskärmar, speciellt färgskärmar. Jag minns själv hur jag kände mig lite irriterad i ansiktet efter att ha suttit framför skärmen en längre tid skrivit och läst memo, som dåtidens e-mail kallades på Ericsson.

En arbetskamrat, som hade glasögon med metallbågar, uppvisade en irriterad hud runt ögonen efter en dags arbete framför skärmen. Det verkade som om metallramen runt glasen fokuserade strålningen på något sätt och förvärrade det hela. I slutet av 2005 stötte jag på en tidningsartikel som pekade på att andelen elöverkänsliga idag uppgick till flera procent och att det verkade öka med tiden i många delar av världen. Jag blev intresserad och ägnade lite tid till att samla in så många uppgifter som möjligt om andel elöverkänsliga i olika länder vid olika tidpunkter. Till sist hade jag lyckats få ihop rätt många datapunkter för att göra ett diagram.

Prickarna bildade ett stadigt stigande mönster med tiden. Genom att dra en regressionslinje och förlänga den framåt kunde man se framtiden. År 2017 skulle hälften av oss vara elöverkänsliga! Jag skrev en kort rapport om denna studie och kontaktade Dr. Gerd Oberfeldt i Österrike. Han hjälpte gärna till med mer data och tillsammans skrev vi en artikel som publicerades år 2006.

Fåglarna då? Jo, det var så att jag år 2007 blev kontaktad av en spansk forskare, A. Balmori. Han är biolog och har forskat mycket om fåglar och deras väl och ve. Han hade bl. a sedan 2003 gjort runt 1200 besök ute i ett stort skogsområde där han hade räknat hur många sparvar han kunde hitta i varje delområde han besökte. Dessutom hade han alltid med sig en strålningsmätare och noterade den högfrekventa fältstyrkan (V/m) i varje område han besökte. Så det blev över 1200 datauppgifter, som han nu frågade mig om jag kunde hjälpa till med att analysera. Jag tyckte det verkade intressant, och med lite arbete gjorde vi tillsammans en rapport som senare publicerades. Det som var väldigt tydligt, det var att sparvarna uppenbarligen inte gillade strålning från mobilmaster t ex. Sambandet mellan antal fåglar per hektar och uppmätt fältstyrka var så starkt att det inte gick att bortförklara som kuriosa eller slump.

Fåglarna undviker strålande miljöer om de kan, det var uppenbart. De är troligen känsligare för sådan strålning än vi människor och behöver kanske inte utveckla en speciell elöverkänslighet för att känna obehag. Tänk om vi alla vore lika känsliga som fåglarna, då skulle vi säkert inte ha sådana problem med elöverkänslighet som vi har idag... Ingen skulle ha kommit på tanken att sätta upp tiotusentals strålande master runt om i landet som förgiftar miljön 24 timmar per dygn för oss alla.

Men det var inte bara forskning om fåglar och elöverkänslighet, som jag blev inblandad i. Hudcancern började öka oroväckande snabbt på huvudet, framtida dödlighet i Alzheimer kunde förutses mm.

Hudcancer runt högra örat?

Det visade sig att melanom i ansiktsregionen hade börjat öka rätt markant efter ca 2000. Liksom melanom på övriga delen av kroppen hade det varit en övervikt på den vänstra sidan, men nu började det bli en utjämning. Det gick mot att det högra örat började komma ikapp det vänstra. En artikel om mobilvanor visade att befolkningen i genomsnitt till 67 % använder det högra örat till mobilen. Jag blev kontaktad av en amerikansk forskare år 2010, Alan Logan. Han ville skriva en artikel om hudcancer i en trådlös värld, och undrade om jag kunde hjälpa honom med lite statistik. En artikel om den ökande förekomsten av melanom i ansiktsregionen hade tidigare publicerats av mig och Olle Johansson år 2009. Ett diagram från den artikeln uppdaterades med nya data och Logans och mitt opus publicerades 2010. Redan nästa år, 2011, kompletterade jag och Olle bilden med ytterligare en artikel om den ökande förekomsten av hudcancer på huvudet i alla nordiska länder.

Alla dessa artiklar förbigicks med största möjliga tystnad av svenska medier. Inget får på något sätt kasta misstankar över vår blomstrande mobilindustri.

Kommer antal hjärntumörer att öka?

En forskare och ingenjör, som jag, vid namn Lloyd Morgan tog kontakt med mig under 2010 och undrade om vi kunde göra något arbete tillsammans när det gällde risken för hjärntumörer och eventuell koppling till mobilpratande. Han hade sett att jag hade gjort flera arbeten för att med matematiska modeller uppskatta framtida utfall av melanom, dödsfall i Alzheimer och annat liknande. Vi lade ner rätt mycket arbete på att samla in data och jag byggde upp en modell av liknande typ jag använt tidigare.

Basen var att studera tidigare trender sedan 50-talet och därur vaska fram grundläggande karakteristika om latenstid och riskökning efter det att en miljöförändring inträffat. Tanken var att dessa uppgifter skulle återanvändas och tillämpas på de nu helt nya miljöstörningar, som den snabbt växande mobilanvändningen

Fler cellskador eller färre reparationer? teoretiskt sett skulle kunna innebära.

Om man antog att mobilpratandet främst genererade fler skadade hjärnceller, då kunde man förvänta sig en rätt omfattande ökning av antal hjärntumörer inom en 20-årsperiod. Kanske 25 gånger mer än idag. Men om effekten av mobilerna främst var att förmågan att reparera skadade celler minskade, då kunde det röra sig om en fördubbling eller liknande. Denna analys skickades in och publicerades år 2011 av Journal of Neurology and Neurophysiology.

Det "lustiga" var dock att hittills rapporterade trender i Sverige och Finland tydde på minskande incidens av hjärntumörer. Hade mobilpratandet en skyddande effekt, så att det åtminstone initialt stressade upp immunförsvaret och ledde till ett effektivare arbete med att reparera skadade celler? Om så var fallet borde man förvänta sig klart lägre incidens på den motsatta sidan mot den man normalt satte mobilen till. Och faktiskt, i flera rapporter, t ex Interphone studien, konstateras en lägre incidens än den genomsnittliga på den motsatta sidan.

Detta var kanske inte i långa loppet så lugnande, utan snarare ett bevis på att man faktiskt får cellskador på mobilsidan, och att det bara är en tidsfråga innan dessa så småningom kommer att göra sig märkbara i statistiken. Jag och Olle Johansson skrev en artikel om detta och den publicerades 2012 i en Omics-journal.

Alzheimer – hur gick det med dödligheten?

Jo, ganska precis som förväntat. Ökningen av antal döda i sjukdomen fortsatte mycket tydligt. Även här sker ett trendbrott runt 1997, och antalet dödsfall följer utvecklingen av antal mobilabonnemang och samtalstid mycket noga. Statistiken visar att antalet dödsfall i Alzheimer sedan 1997 ligger på ca 15 per 100000 mobilabonnemang oavsett hur många abonnemang vi har i Sverige.

En uppföljning av ett modellarbete från 2008 visade att dödligheten hade följt projicerade trender mycket noga fram till 2013. För att vidareutveckla modellen testades det nya exponential-konceptet, som framgångsrikt hade använts för hudcancerincidens och – mortalitet.

Det visade sig att, efter modelloptimering mot rapporterade åldersstandardiserade data, även åldersspecifik dödlighet stämde exakt mot rapporterade data. En vetenskaplig rapport om denna analys planeras att komma ut under 2015.

Cirkeln sluts – cancern ökar lavinartat

I början av februari 2014 släpper WHO ut en pressrelease. Cancerstatistiken börjar se allt annat än lugnande ut. Man erkänner att nu är det dags att försöka ta reda på orsakerna till den ständiga ökningen och inte bara lita till nya, dyrare och effektivare mediciner. Aftonbladet tar upp detta den 4 februari med rubriken: Cancer ökar lavinartat.

På min hemsida hade jag tidigare lagt ut information som jag kopplade till användning av resårmadrasser och exponering för immunstörande strålning. Ett diagram visade utvecklingen av cancerincidens de senaste åren i Sverige, Danmark och Irland. Alla tre länderna uppvisar nu snabbt ökande incidenstal, precis som om vi alla har drabbats av någon cancerogen miljöstörning efter år 1997. Diagrammet återges nedan.

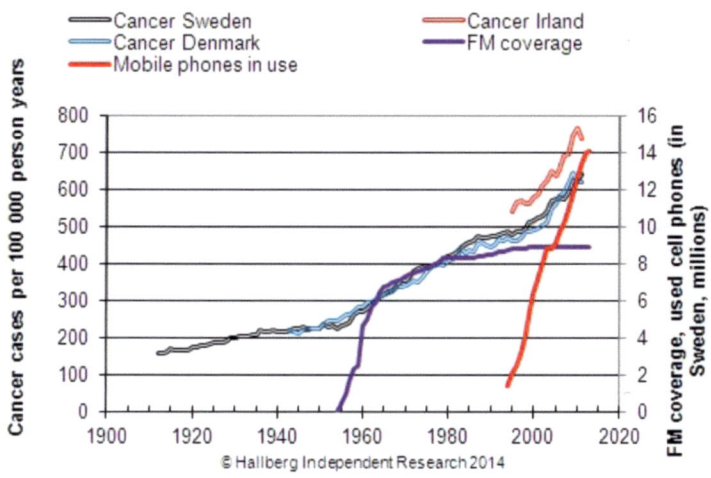

Figur 14 Cancerfall per 100 000 invånare

En närmare analys av olika cancerformer visar att hudcancer och bröstcancer ökar snabbt sedan millennieskiftet. Det var bara tre år tidigare, 1997, som man beslöt att bestråla svenska folket med flera GHz dygnet runt, år efter år. Med tanke på latenstider är det naturligt att tänka sig att vi nu bör kunna se rätt tydliga varningssignaler. Men våra myndigheter är både blinda och döva. De vägrar dessutom att ge information om när 2G lanserades i våra olika län, eftersom jag misstänker att dessa uppgifter går hand i hand med när sjukfuskandet startade i våra län. De vill inte ens tala om från vilket år vi började rulla ut 2G!

Cancer och kroppslängd

Mitt första epos med koppling till kroppen skrev jag 1998. Jag hade ställt mig frågan om varför vi blir så långa nu för tiden. DN hade en liten blänkare om en rapport där man visat att barn som föds under vår och sommar i genomsnitt blir några mm längre till sin ettårsdag än de som föds under höst och vinter. Solens livsfarliga strålar påverkade både melatonin och tillväxthormoner. Lite störd sömn, men fart på tillväxten så att säga.

En djupare analys av kroppslängd och cancerförekomst i våra län och kommuner visade 2014 att kopplingen mellan FM-strålning och cancer och kroppslängd var allt annat än slumpartad. Återigen verkar det som om radiostrålning liksom ljus kan påverka hormoner. Artikeln Cancer and Body Height publicerades i maj 2014 av Pathophysiology.

Figur 15 Våra barn blir så långa nu för tiden...

Men, vi går alltså mot strålande tider, myndigheterna kommer inte att reagera, cancerfallen blir allt fler och våra solkrämstillverkare kommer att bli allt fetare och fetare. Tills bubblan brister...

Örjan Hallberg

Not.
Som bakgrund till denna skrift ges en förteckning över publicerade arbeten och konferensbidrag under årens lopp sedan 2002.

Litteraturförteckning

2015   Hallberg Ö. An Exponential Melanoma Trend Model. Int J of Statistics in Medical Res. 2015; 4, 65-71

2014   Hallberg Ö, Johansson O, Horst E. A Melanoma Trend Forecast from 2002 - what happened then? Electromagn Biol Med. 2014 Dec 23:1-3.

2014   Hallberg Ö. *Cancer and body height. Pathophysiology* 21 (2014) 177-181.

2014   Hallberg Ö. Public Health vs. Population density. Europ. J of Cancer Prev. 2014; **23**: 566-7

2013   Hallberg Ö, Huttunen P and Johansson O. Cancer incidence vs. population average sleep duration on spring mattresses. *Advanced Studies in Medical Sciences,* Vol. 2, 2014, no. 1, 1-15

2013   Hallberg Ö. An Exponential Model for Melanoma Mortality Trends. Int J of Statistics in Medical Res. 2013; **2**:200-03

2013   Hallberg Ö, Johansson O (2012) Decreasing Rates of Brain Cancer – A Worrying Trend? 1:499. doi:10.4172/scientificreports.499. http://www.omicsonline.org/scientific-reports/srep499.php

2013   Hallberg Ö, Johansson O. "Increasing melanoma - too many skin cell damages or too few repairs?" Cancers 2013, 5(1): 184-204.

2012   Hallberg Ö, Johansson O. "Comparing Lung Cancer Risks in Sweden, USA, and Japan," ISRN Oncology, vol. 2012, Article ID 687298, 6 pages, 2012. doi:10.5402/2012/687298

2011   Hallberg Ö, Morgan L Loyd The potential impact of mobile phone use on trends in brain and CNS tumors. J Neurol Neurophysiol 2011, S5-003.

2011   Hallberg Ö, Morgan L. A model to predict future brain tumor incidence changes resulting from mobile phone use. BEMS conference presentation June 13, 2011, Canada

2011   Hallberg Ö, Johansson O. Increasing rates of head melanoma in Nordic Countries. Pathophysiology (2011) 18:313-315

2010   Hallberg O and Johansson O. Lung Cancer Risk in Sweden and USA versus Japan - a Lifestyle Matter? 3rd Annual World Cancer Congress, Singapore June 2010.

2010   Logan A.C., Hallberg Ö. Skin cancer epidemic in a wireless world. Pathophysiology (2010), doi:10.1016/j.pathophys.2010.02.002.

2009   Hallberg Ö. Bed types and cancer incidence. Letter to the Editor. Pathophysiology, accepted 2009-09-23, E-pubbed 2009-10-17 (in press).

2009   Hallberg Ö, Johansson O. Sleep on the right side—Get cancer on the left? Pathophysiology (2009),

2009   Hallberg Ö. Is increased mortality from Alzheimer's disease in Sweden a reflection of better diagnostics? Current Alzheimer Research. 2009; 6: 471-475.

2009   Hallberg Ö, Johansson O. Why is there a left laterality of melanoma and breast cancer? Presentation given at the 7th World Congress on Melanoma, Vienna, Austria, May 12-15 2009.

2009   Hallberg Ö. Too many skin damages - Or too few repairs? Reduced repair rates can explain increasing melanoma incidence. Presentation given at the 7th World Congress on Melanoma, Vienna, Austria, May 12-15 2009.

2009   Hallberg Ö, Johansson O. Cancer and Broadcasting Radiation: Facts from Radio Engineering and Cancer Epidemiology. Presentation at World Cancer Congress 2009, Abstract, June 21-25, 2009, Peking.

2009   Hallberg Ö. Extracting characteristic functions from growing populations - examples from reliability, epidemiology, climate and traffic safety research. Presentation given at the Danish Society for Applied Statistics, Lyngby, Denmark, Jan 15 2009.

2009   Hallberg Ö, Johansson O. Apparent decreases in public health indicators after 1997 -Are they due to improved diagnostics or to environmental factors? Pathophysiology 16:43-46 (2009).

2008   Hallberg Ö. The Melanoma Epidemic. BIT Life Sciences' 1st Annual World Cancer Congress 2008, Shangahi, China. Proc p 141.

2008   Hallberg Ö, Johansson O. Ohälsan tycks öka sedan 1997 - beror det på förbättrad diagnostik eller på en försämrad miljö? Medicinsk access Nr 4/5 2008: 57-59.

2008   Hallberg Ö. Re: Climate change. BMJ, web published 2008-01-31

2008   Hallberg Ö. A reduced repair efficiency can explain increasing melanoma rates. European Journal of Cancer Prevention. 2008;17:147-152.

2007   Hallberg Ö. Radio, TV towers linked to increasing risk of melanoma. An article exclusively written for Foodconsumer.org web-published on Monday 2007-12-10.

2007   Hallberg Ö. Increasing incidence of brain tumors in sparsely populated areas. Pathophysiology, 2007;14:121-22

2007   Hallberg Ö. Letter in reply to manuscript by Robin Lucas et al. Bulletin of the World Health Organization, June 2007

2007   Balmori A, Hallberg Ö. The urban decline of the house sparrow (Passer domesticus): a possible link with electromagnetic radiation. EBM 26(2), 2007

2007   Hallberg Ö. Adverse health indicators correlating with sparsely populated areas in Sweden. Eur J Cancer Prev 2007, 16:71-76.

2006   Hallberg Ö. The etiology of melanoma. 4th International Workshop on Biological Effects of Electromagnetic Fields in Crete, Greece on Oct 16-20, 2006. pp 766-767.

2006   Hallberg Ö, Oberfeld G. Will we all become electrosensitive? Letter to the Editor. Electromag Biol and Medicine. 25: 189-191, 2006

2006   Hallberg Ö. A theory and model to explain the skin melanoma epidemic. Melanoma Research, 2006; 16; 115-118.

2005   Hallberg Ö, Johansson O. 1997 - A curious year in Sweden Annual ECP symposium & Michael J. Hill Memorial Lecture. Cell phones & cancer. November 4 & 5, 2005 Floreal Club, Blankenberge, Belgium.

2005   Hallberg Ö, Johansson O. Alzheimer mortality - why does it increase so fast in sparsely populated areas? European Biology and Bioelectromagnetics. 2005; 1: 225-246.

2005   Hallberg Ö. Increasing incidence of malignant melanoma of the skin can be modeled as a response to suddenly imposed environmental stress. Med Sci Monit, 2005; 11(10): CR457-461.

2005   Hallberg Ö. Hearing problems and acoustic neuroma cancer in Sweden. Pathophysiology (2005); 12(2): 143-144.

2005   Hallberg Ö, Johansson O. FM broadcasting exposure time and malignant melanoma incidence. Electromagnetic Biology and Medicine (2005); 24: 1-8.

2004   Hallberg Ö, Johansson O. Say to countryside goodbye, when even healthy people die. Report nr. 6/ issue 1/ISSN 1400-6111/2004-06-30. (This booklet is in Swedish)

2004   Hallberg Ö, Johansson O. 1997 - A curious year in Sweden. Eur J Cancer Prev 2004; 13: 535-538

2004   Hallberg Ö, Johansson O. Mobile handset power and health. Electromagnetic Biology and Medicine (2004); 23:229-239.

2004   Hallberg Ö, Johansson O, "Long-term sickness and mobile phone use", J Aust Coll Nutr & Env Med, 2004; 23: 11-12

2004   Hallberg Ö, Johansson O. Does GSM 1800 MHz affect the public health in

Sweden? In: Proceedings of the 3rd International Workshop "Biological Effects of EMFs", Kos, Greece, October 4-8, 2004, pp 361-364.

2004   Hallberg Ö. and Johansson O. Malignant Melanoma of Skin - Not a Sunshine Story!, Med Sci Monit, (2004); 10(7): CR336-340

2002   Hallberg Ö, Johansson O. Cancer trends during the 20th century. ACNEM Journal (2002); 21(1): 3-8.

2002   Hallberg Ö, Johansson O. Melanoma incidence and frequency modulation (FM) broadcasting. Arch Environ Health (2002); 57: 32-40

2002   Hallberg Ö, Johansson O, "Har tusentals personer offrats i onödan sedan 1955?" (="Have thousands of persons unnecessarily been sacrificed since 1955?"; in Swedish), Nord Tidsskr Biol Med 2002; 2: 26-27

2002   Hallberg Ö, Johansson O, "Cancerdödlighet och långtidssjukskrivning" (="Cancer mortality and long-term sick leave"; in Swedish), Tidskriften Medikament 2002; 7: 40-41